A. S. Neill
Die grüne Wolke

Den Kindern von Summerhill erzählt

Deutsch von
Harry Rowohlt

Illustriert von
F. K. Waechter

Rowohlt

Übertragen nach der 1970 bei Victor Gollancz Ltd., London
unter dem Titel *The Last Man Alive*
erschienenen Ausgabe
Die erste Ausgabe erschien 1938
bei Herbert Jenkins Ltd., London
Umschlagzeichnung von F. K. Waechter

1.– 50. Tausend August 1971
51.– 60. Tausend Januar 1972
61.– 70. Tausend August 1972
71.– 80. Tausend März 1973
81.– 91. Tausend Dezember 1974
92.– 99. Tausend Oktober 1976
100.–106. Tausend Dezember 1977
107.–113. Tausend Januar 1979
114.–121. Tausend Dezember 1979
122.–132. Tausend Dezember 1980

Gesamtherstellung: Clausen & Bosse, Leck
Printed in Germany
ISBN 3 498 04611 x

Alle Gestalten in dieser Geschichte,
außer den Summerhillianern,
sind frei erfunden
und haben kein Vorbild in
lebenden Personen

Schuld an dieser Geschichte ist ein Sonntagabendgespräch.

«Heute abend fällt mir keine Geschichte ein», sagte ich. «Meine Phantasie ist eingetrocknet.»

«Erzähl uns doch noch so eine Geschichte von Pyecraft, dem Millionär», bat Betty.

«Ich hab eine Idee für eine Geschichte», sagte Michael. «Wir sind die letzten Menschen auf der Erde. Alle sterben, bloß wir nicht.»

«Und rings um uns verfaulen die Leichen», stellte David spöttisch fest. «Vielen Dank.»

«Wir können sie ja beerdigen», schlug Jean vor.

«Oder verbrennen», sagte Gordon. «Das wäre noch das beste.»

«Erst einmal müßte man sie alle zusammentragen», bemerkte ich. «Bei zweiundvierzig Millionen toten britischen Staatsbürgern hätten wir da allerhand zu verbrennen.»

Evelyn seufzte.

«Dann können wir eben nicht die letzten Menschen auf der Erde sein», meinte sie. «Mir würde es jedenfalls keinen Spaß machen, Leichen einzusammeln.»

Plötzlich hatte ich eine Idee.

«Wir brauchen gar keine Leichen», sagte ich. «Ich werde euch die Geschichte vom letzten Menschen auf der Erde erzählen. Sie heißt ‹Die grüne Wolke›.»

Die Geschichte von der grünen Wolke und vom allerletzten Menschen auf der Erde

Erstes Kapitel

Es war ein wunderschöner Sommermorgen, und Neill hatte seine Unterrichtsstunden auf den Tennisplatz verlegt. Jean pikte ihm ihren Bleistift in die Rippen. Davon wachte er auf.

«Telegramm für dich», sagte sie. Neill nahm es dem rotbakkigen Telegrammboten aus der Hand.

«Keine Rückantwort», sagte Neill abwesend, nachdem er das Telegramm noch einmal gelesen hatte. Dann sah er auf seine Uhr. «Himmel, er muß jeden Augenblick hier eintreffen», rief er aufgeregt.

«Wer?» fragte Gordon.

«Pyecraft», sagte Neill. «Er kommt mit seinem neuesten Luftschiff nach Summerhill. Still! Ich höre das Brummen der Motoren.»

«Sicher 'ne Hummel», meinte David mürrisch. Und es war auch eine Hummel. Aber zehn Minuten später kam ein großes silbernes Luftschiff in Sicht und landete sanft auf dem Hockeyplatz wie ein Schwan auf einem See. Alle rannten darauf zu. Der dicke Pyecraft öffnete die enge Tür, und mit Hilfe der Kinder gelang es ihm, sich herauszuzwängen.

«Tadellos!» rief er. «Hallo, Neill, alter Knabe. Hallo, Kinder.» Er sah sie prüfend an. «Eine neue Generation, wie ich sehe, aber sicher mit genausoviel Flausen im Kopf wie die vorige.»

«Warum sind Sie hergekommen?» fragte Neill. «Was führt Sie zu uns?»

«Verschiedenes», sagte Pyecraft. «Ich habe es satt, immer nur Geld zu verdienen. Ich will Abenteuer erleben.»

«Kannibalen», sagte Evelyn träumerisch.

Pyecraft schüttelte den Kopf.

«Nein, dafür sind Neill und ich jetzt schon zu alt», sagte er traurig. «Wir haben nicht mehr den nötigen Schneid. Wir beide sind alt und grau.»

«Aber Sie haben doch gesagt, daß Sie Abenteuer erleben wollen», sagte Robert vorwurfsvoll. «Gibt es denn überhaupt Abenteuer ohne Kannibalen und Piraten?»

«Oh, es gibt noch viele andere Abenteuer», sagte Pyecraft. «Wissenschaftliche zum Beispiel. Ich habe mir dieses Luftschiff extra dafür bauen lassen. Es hat mich Millionen Dollar gekostet. Ich will damit sämtliche Höhenrekorde brechen.»

«Sämtliche was?» fragte Bunny.

«Ich will höher hinauf als irgendeiner vor mir», erklärte Pyecraft. «Der Höhenrekord liegt jetzt bei sechzehn Kilometern. Ich will ihn brechen.»

«Aber warum haben Sie das nicht in Amerika getan?» fragte Betty.

Pyecraft lächelte.

«Weil ich wußte, daß mein alter Freund Neill und die Kinder hier mir gern dabei helfen würden», sagte er. Die Kinder kreischten vor Freude. Neill lächelte gequält.

«Sehr nett von Ihnen, daß Sie an uns gedacht haben, Pyecraft», sagte er. «Aber ich für mein Teil ... Ich fürchte, ich kann nicht mitkommen. Ich bin heute nachmittag mit Watson zum Golf verabredet, und außerdem will ich unbedingt den Film mit den Marx Brothers sehen und ...»

«Feigling», murmelte Evelyn empört.

«Hoffnungsloser Feigling», sagte David. «Aber eigentlich brauchen wir ihn gar nicht. Was meinst du, Michael?»

Michael kratzte sich am Kopf.

«Stimmt. Aber wer liest dann die mathematischen Instrumente ab, wenn Neill nicht mitkommt?»

«Und wer liest sie ab, wenn er mitkommt?» fragte Betty zuckersüß.

«Pyecraft wird doch wohl noch seine eigenen Instrumente ablesen können», sagte Neill aufgebracht. «Außerdem gibt es noch einen weiteren Grund, weshalb ich nicht mitkommen kann. Mir fällt nämlich gerade ein, daß sich für heute nachmittag der Mann vom Finanzamt angesagt hat.»

«Dann ist ja alles klar», grinste Pyecraft. «Kommen Sie

schon. Ich verspreche Ihnen, daß wir erst wieder runterkommen, wenn er weg ist.» Und mit sanfter Gewalt schob er Neill ins Luftschiff. Die Kinder kletterten hinterher. Und schließlich zwängte sich auch Pyecraft ächzend und stöhnend hinein. Als er wieder zu Atem gekommen war, erklärte er den Flug.

«Jeder von euch hat eine Sauerstoffmaske. Wir steigen und steigen, und wenn euch der Atem knapp wird und ihr rot im Gesicht werdet, dann bedeutet das, daß die Luft zu dünn zum Atmen ist. Dann müßt ihr eure Masken aufsetzen, und wie ihr sehen werdet, hat jede Maske ein Mikrophon, so daß wir auch noch in sehr großer Höhe miteinander sprechen können. Alles klar?»

Alle nickten.

«Ein großes Abenteuer», sagte Pyecraft.

«Ganz schön schwach», sagte Robert. «Typisches Altmännerabenteuer.»

Neill warf ihm einen langen Blick zu.

«Unsere augenblickliche Flughöhe beträgt etwa drei Komma zwo Kilometer», sagte er dann. «Und wenn Robert ein richtiges Abenteuer haben will, braucht er nur auszusteigen und mit dem Fallschirm nach Summerhill hinunterzusegeln.»

Robert starrte in die Tiefe.

«Huiii. Und wenn er sich nicht öffnet?»

«Du würdest überhaupt nichts spüren», sagte David gelassen. «Nur ein Bums ... Ich möchte bloß wissen, ob sich deine Beine in den Boden bohren, wenn du mit den Füßen zuerst aufprallst.»

«Wahrscheinlich schon ein bißchen», meinte Gordon nachdenklich. «Aber bestimmt bohren sich deine Oberschenkelknochen durch den ganzen Körper und kommen am Hals heraus.»

«Aufhören!» schrie Jean kläglich. «Es ist gemein, so zu reden, wenn man so hoch in der Luft ist.» Dann zog ein grimmiges Lächeln über ihr Gesicht. «Trotzdem wäre es ganz interessant, wenn man wüßte, wie Robert aussieht, wenn er ein paar Kilometer gefallen ist.» Sie blickte suchend in der Kabine umher. «Wo sind die Fallschirme, Pyecraft?»

Pyecraft erbleichte.

«Mon Dieu!» rief er. «Dieser Idiot von Chauffeur hat vergessen, sie an Bord zu schaffen.» Alle erbleichten, bis auf Neill, der nicht mehr bleicher werden konnte. «Aber es besteht überhaupt keine Gefahr», sagte Pyecraft, «nicht die geringste. Das heißt, wenn die Luft nicht so dünn wird, daß sie dünner wird als das Helium in unserem Ballon. Denn dann platzt natürlich der Ballon, und . . .»

«Und was?» fragten sie atemlos.

«Wenn ich aufklatsche, gibt es ein größeres Loch als bei euch», sagte Pyecraft grinsend, und sein Grinsen gab den Kindern wieder Mut.

«Unsere Höhe beträgt jetzt sechzehn Kilometer», sagte Neill und setzte seine Sauerstoffmaske auf. Die anderen folgten seinem Beispiel. Plötzlich schrie Evelyn, die nach unten geblickt hatte, auf.

«Kuckt mal, die Wolken da unter uns sind ganz grün. Ich dachte immer, von oben wären sie blitzweiß.»

«Äußerst merkwürdig», sagte Pyecraft.

«Fata Morgana», sagte Bunny. «So, wie man in der Wüste manchmal Oasen und Palmen und so sieht.»

«Quatsch», sagte Neill. «Das ist keine Fata Morgana. Das ist – ich weiß nicht. Ich weiß nur, daß wir jetzt hoch genug sind und ich wieder hinunter will.»

Pyecraft blickte auf den Höhenmesser.

«Siebenundzwanzig Komma eins Kilometer», sagte er. «Nicht übel. Ich wollte eigentlich auf fünfzig kommen, aber heute können wir das ohne Fallschirme nicht riskieren. Also gehen wir runter.» Er betätigte einen Hebel, und sie verloren rasch an Höhe.

«Da! Jetzt sind die Wolken wieder weiß», rief Jean, als sie sich ihnen näherten, und im nächsten Augenblick waren sie in dichten weißen Wolken. Eine Stunde später landeten sie auf dem Hockeyplatz.

«Gerade rechtzeitig zum Tee», rief Bunny und spurtete zum Speisesaal hinüber. Die anderen Kinder rannten hinterher, während die beiden alten Männer ihnen langsam folgten.

Corkhill, der Chemielehrer, stand an die Eingangstür gelehnt.

«Hallo, Corks», sagte David. «Gibt's noch Tee?»

Corks reagierte nicht. Ihm war nicht anzumerken, ob er die Frage überhaupt gehört hatte.

«Gibt es noch Tee?» wiederholte David und packte Corks ungeduldig am Arm. Der Arm brach ab. David hatte ihn in der Hand und ließ ihn kreischend fallen. In diesem Augenblick kamen Pyecraft und Neill hinzu. Entgeistert blieben sie stehen. Neill nahm Corks bei der Schulter und schüttelte ihn ein wenig.

«Was ist los, Corks?» fragte er. Corks' Kopf rollte in den Kies. Daraufhin rannten sie alle wild davon wie verschreckte Kaninchen und verkrochen sich im Gebüsch. Gordon sagte: «Habt ihr bemerkt, daß er gar nicht blutete? Der Arm sah aus wie blanker Stein.»

«Gestern bat er mich um sein Gehalt und sagte, er sei blank», sagte Neill. «Corks war eigentlich immer . . .» Neill wollte noch etwas sagen, ließ es aber, als er Evelyns wütende Miene bemerkte.

«Der arme Corks ist tot, und du machst hier Witze», sagte sie.

«Was sollen wir hier noch?» sagte Robert. «Corks oder nicht, ich habe Hunger. Wer kommt mit?» Und er startete zur Küche. Die anderen trabten hinterher. Maisie (die Köchin) stand über den Herd gebeugt.

«Tee», sagte Robert. «Was ist eigentlich mit Corks passiert?»

Maisie gab keine Antwort. David bückte sich und zog sie aus Spaß am Fuß. Schon hatte er den Fuß in der Hand. Die Mädchen kreischten, die Jungens brüllten, Neill und Pyecraft ließen sich schwer auf einen Stuhl sinken – auf ein und denselben Stuhl, was sich sehr nachteilig für Neill auswirkte, der sich zuerst gesetzt hatte.

«Was hat das alles zu bedeuten?» ächzte Bunny.

«Vielleicht gibt es noch mehr», meinte David hoffnungsfroh. Die Kinder stürmten durch die Schule. Ja, alle waren zu Stein geworden.

«Wie schrecklich», kicherte Betty, «aber komisch ist es auch.

Seht euch den alten Chad an.» Der sah wirklich hübsch aus. Er hatte auf dem Golfplatz trainiert, und dort stand er nun mit durchgezogenem Schläger – eine bärtige Statue.

«Bildschön», sagte Pyecraft.

«Furchtbar», sagte Neill. «Unmögliche Armhaltung.»

Die Suche nach Statuen wurde fortgesetzt. Davis stellte, wie erwartet, den «Ruhenden» dar; Ole Herman, und auch das überraschte sie nicht, war beim Essen; gerade als er sich ein riesiges Stück Brot in den Mund schob, war er versteinert. Michael rettete das Brot.

«Aber warum sind wir nicht auch zu Stein geworden?» fragte Jean plötzlich.

Niemand wußte es.

«Ich weiß», sagte David. «Die grüne Wolke. Es muß eine Wolke gewesen sein, die jeden in Stein verwandelt hat.»

«Klingt einleuchtend», nickte Pyecraft. «Augenblick mal!» Er deutete auf eine Katze, die eben um die Ecke kam. «Hier erhebt sich nur die Frage, warum die Katze nicht auch zu einer Statue geworden ist, wenn diese Wolke versteinernde Eigenschaften hatte.»

«Und ich höre einen Hahn krähen», sagte Robert. «Was meinst du, Neill?»

Neill machte ein weises Gesicht.

«Ich glaube, David hat recht. Wir waren über der Wolke, und wahrscheinlich sind wir jetzt die letzten lebenden Menschen auf der Erde. Offenbar hatte die Wolke also keinen Einfluß auf Tiere.»

«Wie gut», bemerkte Betty. «Sonst müßten wir verhungern. Die letzten lebenden Menschen auf der Erde. Schrecklich.»

«Herrlich!» sagte Evelyn. «Jetzt können wir uns alles, was wir wollen, aus den Läden holen.»

«Jawohl», rief Michael, «und die ganzen Autos und Flugzeuge und – und – Mensch, was 'n Ding! Das ist ja ganz einsame Sahne ist das. Ich gehe gleich mal zu Coates.»

Sie machten sich auf den Weg zu Coates' Laden, und, also ...

FORTSETZUNG FOLGT IN KÜRZE

«Was hat das alles zu bedeuten?» ächzte Bunny.

Kommentar

Ich zündete mir meine Pfeife an.

«Eine gute Geschichte», sagte Bunny. «Dein Glück, Neill.»

David runzelte die Stirn. «Du hast sie natürlich alle zu Stein werden lassen, damit sie nicht stinken, nicht wahr?»

Ich nickte, und er fuhr fort: «Keine schlechte Idee, aber doof.»

«Wieso doof?» fragte ich.

«Weil so eine Wolke doch auch Tiere versteinern würde.»

«David hat recht», sagte Michael. «Mir wäre eine Geschichte lieber, die auch vom wissenschaftlichen Standpunkt aus richtig ist.»

«Aber sie ist ja vom wissenschaftlichen Standpunkt aus richtig», sagte ich.

«Wieso?»

«Eine Wolke könnte Menschen durchaus etwas antun, ohne den Tieren etwas anzuhaben.»

«Wieso?»

«Nun», begann ich, «äh – es ist nämlich so – äh –»

«Keinen Schimmer hat der Mann», sagte Michael.

«Selber keinen Schimmer», sagte ich. «Denk doch an Masern. Kriegen Katzen Masern? Kriegen Kaninchen Kinderlähmung? Schon mal 'ne Kuh mit Ziegenpeter gesehen? Wenn Tiere nicht von menschlichen Krankheiten befallen werden, warum sollte dann eine menschliche Wolke sie befallen?»

«Aber es war ja gar keine Wolke da», sagte Evelyn.

«Okay», sagte ich unerschüttert, «wenn keine Wolke da war, dann gibt's auch keine Geschichte.»

Gordon grinste. «Neill ist ja nur sauer, weil wir seine Geschichte kritisieren», sagte er. «Wir wollen mal nicht so sein und ihm die Wolke durchgehen lassen.»

«Eine wissenschaftlich einwandfreie arische Vollblutwolke», bat ich mir aus.

Die Summerhill-Kinder nickten zustimmend, und ich versprach, die Geschichte am nächsten Sonntagabend fortzusetzen.

Zweites Kapitel

Der Überfall auf Coates' Laden ließ die Kinder die Außenwelt für eine Weile vergessen, gegen Abend jedoch klangen die Nachwirkungen der im Übermaß genossenen Süßigkeiten ab. Sie saßen in Neills Zimmer und diskutierten die Lage.

«Ich finde es ja furchtbar traurig, daß die anderen alle so jämmerlich umgekommen sind», sagte Michael strahlend, «aber es macht doch großen Spaß, ganz allein auf der Welt zu sein.»

«Falls wir wirklich allein auf der Welt sind», sagte Neill. «Wir wissen es ja nicht sicher.»

«Das läßt sich leicht feststellen», sagte Betty und schaltete das Radio an. Sie drehte an den Knöpfen. Berlin, Moskau, Warschau, Rom ... Der Apparat gab keinen Ton von sich.

«Versuch es mal auf Kurzwelle mit Amerika», schlug Bunny vor. Aber auch Amerika schwieg.

«Hurra!» brüllte David. «Wir sind wirklich die einzigen auf der Welt. Phantastisch.»

Da ging das Licht aus.

«Genau», bemerkte Pyecraft trocken. «Wie du ganz richtig sagtest: phantastisch. Die Kraftwerke haben noch so lange weitergearbeitet, wie die Öfen brannten. Bevor du dich vor Freude darüber überschlägst, daß wir die einzigen Menschen auf der Welt sind, mach dir lieber klar: kein Licht, kein Radio, kein Telefon, nichts zu essen.»

«Essen?» fragte Gordon. «Ja, was ist denn mit all den Geschäften? In Leiston gibt's jede Menge Fressalien. Brot, Fleisch und ...»

«Das Zeug wird bald verderben», meinte Robert nachdenklich. «Aber wir können ja auf die Jagd gehen.»

«Oder von Gemüse leben und so», schlug Jean vor.

«Wir machen's einfach wie die Kaninchen.»

«Oder wie die Kannibalen», warf Neill ein, und Pyecraft blickte besorgt auf seinen Bauch.

«Wie dem auch sei», faßte David philosophisch zusammen. «Das Nahrungsproblem können wir später lösen. Vergeßt nicht, daß es tonnenweise Konserven im Lande gibt.»

«Aber keine Vitamine», bemerkte Gordon. «Wenn es zum Schlimmsten kommt, fahren wir nach Spanien und essen Apfelsinen.»

Am nächsten Morgen holten sie sich, was sie brauchten, aus der Metzgerei. Nach drei Tagen begann das Fleisch zu riechen. Die Kühlschränke funktionierten nicht, weil es ja keinen Strom gab.

«Das Essen macht mir weniger Sorgen», sagte Robert stirnrunzelnd. «Wenn man bloß wüßte, was man mit all den Statuen anfangen soll. Ständig fällt man drüber. Man sollte sie wirklich irgendwo abstellen. Ich schlage vor, wir eröffnen eine Art Kunstgalerie auf dem Hockeyplatz.»

«Sie würden sich noch besser machen, wenn sie die Auffahrt säumten», sagte Betty.

«Die Köpfe fallen dauernd ab», sagte Michael. «Aber wenn wir etwas Zement anrühren, ließe sich das leicht beheben.»

Sie karrten die steinernen Leichen zur Einfahrt und stellten sie in Reih und Glied auf. Corkhills Kopf fiel immer wieder ab. Michael mischte etwas Zement, holte sich eine Kelle und behob den Schaden. Später entdeckte Neill, daß Michael Corks den falschen Kopf aufgesetzt hatte, den Kopf der kleinen vierjährigen Nona. Chad ließen sie in seiner malerischen Golfhaltung auf dem Rasen stehen. Es dauerte nicht lange, und schon hatte sich ein Sperling in seinem Bart ein Nest gebaut.

Auf einer Vollversammlung wurde Neill später scharf gerügt, weil er Branwens Statue geklaut und zerstückelt hatte, um damit das Fundament für einen neuen Werkraum zu legen.

«So etwas tut man einfach nicht», sagte der Vorsitzende Bunny streng. «Das ist schierer Vandalismus. Und warum mußte es ausgerechnet Branwen sein? Sie sah so schön aus. Außerdem hätte Smeed viel mehr hergegeben.»

«Viel zu grob», meinte Neill. «Ich brauchte ganz feinen Beton.»

Dieser Entschuldigung wurde nicht stattgegeben, und zur Strafe mußte er Mervyns Statue sechsmal um den vorderen Rasen schleppen.

«Gott sei Dank», murmelte er, «daß Sie nicht versteinert sind, Pyecraft.»

Inzwischen waren die Kinder ausgeschwärmt, um die Gegend zu erkunden. Die Straßen waren fast unpassierbar. Als die Wolke kam, hatte der Tod in Sekundenschnelle zugeschlagen. Die Kraftfahrer hatte es am Steuer ereilt, Autos hatten sich überschlagen, waren in Hecken gerast und an Mauern zerschellt. Bei der Eisenbahn war es ähnlich. Züge mit steintoten Lokführern waren mit anderen Zügen zusammengestoßen. Die Trümmer verstopften jede Strecke. Niedergeschlagen kamen die Kinder zurück.

«Wir können alle Rolls-Royce der Welt haben», sagte Bunny kläglich. «Aber sie nützen uns nichts. So lustig ist es wohl doch nicht, allein auf der Welt zu sein.»

Aber die Autos erwiesen sich trotzdem als nützlich. Die Kinder schafften so viele herbei wie möglich. Nachts ließen sie den Motor laufen und hatten elektrisches Licht. Die Jungens, erfindungsreich wie sie waren, legten von den Wagen Kabel ins Haus. Benzin gab es an den Tankstellen in Hülle und Fülle, obwohl es zunächst nicht einfach war, das Zeug aus den elektrisch betriebenen Zapfsäulen zu kriegen.

Eines Morgens stand Pyecraft an der Eingangstür und schnupperte mißvergnügt. «Ich habe das Gefühl, diese verdammte Wolke kommt zurück», sagte er.

Michael schnupperte ebenfalls. «Ich weiß, was es ist, Pyecraft. In der Stadt verfault das Fleisch. Mir nach, Männer! Wir müssen etwas unternehmen.»

Die Kinder gingen in die Stadt und lösten das Problem auf denkbar einfache Weise: Sie überfluteten die Fleischerläden mit Benzin und steckten sie in Brand. Sehr zu Neills Verdruß zündeten sie auch das Weiße Rössel an.

«Warum habt ihr das bloß getan?» fragte er mit Tränen in den Augen.

«Weil du mit Pyecraft zu oft einen heben gehst», sagte Betty. «Und wenn wir kein Fleisch haben, braucht ihr auch kein Bier.»

Später wird sich noch zeigen, daß Neill Betty dieses Verbrechen nie verzieh.

Unsere Freunde lebten von Brot, das sie selbst buken. Gordon sagte, er hätte den Eindruck, von der versteinernden Wolke hätte auch Bettys Brot etwas abgekriegt, und als sie mit einem Laib Brot nach ihm warf, war er seiner Sache ganz sicher. Es gab genügend Gemüse, aber die Jungens beklagten sich, daß sie kein Fleisch hatten.

«Schlachten wir ein Tier», meinte Neill. Der Vorschlag wurde angenommen. Am nächsten Tag fanden sie eine verirrte Kuh und trieben sie in die Garage. Dort betrachteten sie das Tier voller Verlegenheit.

«Wie schlachtet man denn gleich noch eine Kuh?» fragte David. «Wenn wir einen Revolver hätten . . .»

«Im Luftschiff habe ich ein paar Revolver», sagte Pyecraft. David lief hin und kam mit einer schweren Maschinenpistole zurück.

«Genau zwischen die Augen zielen», sagte Robert.

«Okay», sagte David gelassen. Er stand direkt vor der Kuh und zielte lange und sorgfältig.

Peng! Die hintere Fensterscheibe zersplitterte. Die Kuh glotzte David ziemlich betrübt an und käute wieder. David warf die Maschinenpistole hin.

«Ich bring's nicht über mich», sagte er schluchzend, und Robert hob die Maschinenpistole auf. Aber auch er brachte es nicht übers Herz, die Kuh zu erschießen, und schließlich waren alle der Meinung, daß Hausschlachten nicht das Richtige sei. Sie stellten aber fest, daß sie Kaninchen und Rebhühner schießen konnten, ohne ihr Gewissen zu belasten. Und auch eingemachtes Obst und Lachs in Dosen waren schließlich nicht zu verachten.

Dann wurden plötzlich die Hunde zu einem Problem. Sie hatten schon vorher streunende Hunde beobachtet, die überall hungrig herumschnüffelten. Aber erst als der Schäferhund von den Colliers Jean anfiel, wurde ihnen klar, daß die Hunde allmählich verwilderten. Auch die Katzen vergaßen, daß sie zahme Haustiere waren; im Augenblick waren sie aber noch keine Gefahr.

«Katzen», sagte Michael, der es mit Wissenschaft hatte, «sind Einzelgänger; sie werden nie eine echte Gefahr darstellen. Der Hund aber stammt vom Wolf ab, und bald werden die Hunde in Rudeln herumlaufen. Denkt an meine Worte!»

Genauso geschah es. Der Schäferhund hatte bald ein Gefolge von kleineren Hunden, und nachts machten sie die Gegend unsicher. Die Kinder gingen auf die Bauernhöfe in der Umgebung und ließen alles, was in den Ställen noch lebte, frei. Die armen Viecher waren schon fast verhungert. Die Hunde rissen einige Schafe, aber bald wagten sie sich auch an größere Tiere. Nachts schauerten die Kinder zusammen, wenn sie das Heulen des wilden Rudels hörten. Sie beschlossen, über Nacht die Tore zu verbarrikadieren. Dabei erwiesen sich die Statuen als äußerst nützlich. Die Kinder zementierten vier Angehörige des Lehrkörpers aneinander, versahen sie mit Scharnieren und stellten so ein sehr widerstandsfähiges Tor her. Lucys Arm gab den Türriegel ab, aber als sie das Tor zuwarfen, zerbrach er. Schließlich dienten nach und nach die Arme aller versteinerten Lehrer und Schüler als Riegel.

Als Betty eines Tages Brombeeren pflückte, fiel sie ein Hund an und biß sie ins Bein. Wir wissen nicht, ob dieser Hund den anderen berichtete, Menschenblut sei süß, aber seitdem umkreisten die wilden Hunde ständig die Schule. Gierig hingen ihre roten Zungen heraus. Nicht einmal tagsüber konnte man sich unbewaffnet hinauswagen. Da die Waffen nicht für alle reichten, flogen Pyecraft und David mit dem Luftschiff nach London und kehrten mit einem ganzen Haufen Waffen und Munition zurück. Sie hatten sogar das Heeresarsenal in Woolwich aufgesucht und von dort sechs der modernsten Maschinengewehre mitgebracht.

«Und jetzt», sagte Bunny grimmig, «werden wir den Hunden den Krieg erklären – Kampf bis zum letzten Blutstropfen.»

Sie entwarfen einen Schlachtplan.

«Ich finde», sagte Bunny, «wir sollten mit einem Köder arbeiten, Neill zum Beispiel. Nach Einbruch der Dunkelheit schicken wir ihn hinaus aufs Feld. Und sobald die Hunde ihn wittern und ihn anfallen, machen wir sie mit den Maschinengewehren fertig. Höchst einfach, meint ihr nicht auch?»

«In der Tat», sagte Neill. «Nur ein Genie konnte auf diesen Einfall kommen. Die Sache hat nur den einen Haken, daß ich nicht am stärksten rieche. Ich schlage vor, daß Bunny geht und ein Geräusch wie ein Hundekuchen von sich gibt. Dann ...»

«Halte den Mund!» brüllten die Kinder.

Man brauchte gar keinen Köder. Am nächsten Abend ging Evelyn in die Garage, um die Kuh zu melken. Auf dem Rückweg fiel der Schäferhund sie an und schleppte sie zwischen seinen Zähnen fort. Sie schrie um Hilfe, und das Menschenrudel stürzte aus der Schule. Der Hund lief auf den Wald zu. Die anderen Hunde erwarteten ihn und folgten hechelnd ihrem Anführer.

«Nicht schießen!» keuchte David, der die Kinder anführte. «Wir könnten Evelyn treffen. Wir müssen es auf ein Handgemenge ankommen lassen.»

«Hunde haben keine Hände», warf Betty ein, die sich ärgerte, weil Evelyn die Heldin des Tages war. Da schrie Evelyn wieder, und Betty ärgerte sich schon nicht mehr so sehr, daß sie nicht die Heldin des Tages war.

Die Kinder holten auf. Der Schäferhund ließ seine Beute am Waldesrand fallen und stellte sich dem Kampf. Hinter ihm drängten sich mit gesträubtem Fell die anderen Hunde und knurrten. David, der Anführer, zögerte einen Augenblick. Dann sprang er auf den Schäferhund zu und ließ den Griff seines Revolvers auf den Hundeschädel sausen. Die Bestie fletschte die Zähne und fiel ihn an. David ging zu Boden, der Schäferhund lag auf ihm. Ein Collie klammerte sich an seine Beine, ein Bullterrier schnappte nach seinem Arm. Die Schlacht war entfesselt. Die Hunde waren in der Überzahl – etwa zehn zu eins.

«Nicht schießen!» keuchte David.
«Wir könnten Evelyn treffen.»

«Zieht Evelyn aus dem Schußfeld», schrie Neill. «Dann mähe ich sie alle nieder.»

Gordon und Bunny zerrten sie beiseite. Michael befreite David.

«Und jetzt voll hinein!» schrie Neill grimmig und drückte den Abzug durch.

Nichts.

«Ich habe den falschen Ladegurt!» keuchte Neill. «Nehmt die Revolver!»

Es war prachtvoll. Eine erstklassige Schießerei, ganz fabelhaft. Von sechzig Hunden töteten sie einen und verwundeten zwei. Der Schäferhund floh, nachdem er sich ein ordentliches Stück aus Davids Hintern gerissen hatte. Von diesem Tage an mieden die Hunde Summerhill.

«Denen haben wir gehörig eingeheizt», sagte David geschwollen.

«Nein», sagte Neill. «Ihr habt ihnen nicht eingeheizt. Die Sache war anders: Der Hund, der Betty gebissen hat, hat den anderen erzählt, wie köstlich Menschenblut ist. Als aber der Schäferhund eine Portion von dir im Maul hatte, wurde ihm klar, daß der andere Hund ein verdammter Lügenbold war. Seitdem läßt uns das Rudel in Frieden.» Neill blickte aus dem Fenster. «Seht mal», fuhr er fort, «wie sie da mit eingezogenen Schwänzen und hängenden Kiefern herumschleichen, schwer enttäuscht, daß es sich nicht lohnt, Menschenblut zu schlabbern.»

David war mit dieser Erklärung nicht einverstanden, während Betty sie interessanterweise ganz einleuchtend fand.

«Mädchen sind wahrscheinlich süßer als Jungens», sagte sie und grinste breit.

Nachdem die Prügelei zwischen den beiden vorbei war und David sich entschuldigt hatte und Betty gesagt hatte, daß nur Feiglinge Mädchen schlagen, prügelten sie sich aufs neue. Pyecraft sagte, in seiner Jugend ... schlief aber ein, bevor er mitgeteilt hatte, was in seiner Jugend ...

«Seid friedlich», sagte Neill. «Wir haben das Hundeproblem gelöst und nähern uns jetzt herrlichen Zeiten süßen Friedens.»

«Rattertata», schmetterte Michael.

«Was soll das heißen?» fragte Neill drohend.

«Ratten soll das heißen», sagte Michael würdevoll. «Und wenn ich Ratten sage, meine ich Ratten.»

«Wieso Ratten?»

«Seid ihr denn alle blind?» sagte Michael. «Habt ihr nicht gemerkt, wie frech sie in letzter Zeit werden? Mein Vater sagt immer: Wenn eines Tages die menschliche Zivilisation zugrunde geht, sind Ratten die einzigen Lebewesen, die eine neue Zivilisation aufbauen können. Sie sind intelligenter als alle anderen Tiere.»

«Dummes Zeug», sagte Robert und schüttelte den Kopf. «Sie haben keine Hände, und ohne Hände kann ein Tier nicht herrschen.»

«Sie benutzen ihre Vorderpfoten als Hände», sagte Michael.

«Schon möglich», sagte Betty. «Aber sie sind nicht schwer genug. Wie sollen sie denn Kanonen und Schiffe und alles bauen?»

«Dieser Kram ist für eine Zivilisation gar nicht nötig», sagte Neill weise. «Eine Rattenzivilisation wäre natürlich anders, hoffentlich besser. Sie würden kein Giftgas herstellen, und ich frage mich, ob es überhaupt noch Kriege geben würde. Ich bin dafür, daß wir uns erschießen und den Ratten eine Chance geben.»

Nachdem Michael sie auf die Ratten aufmerksam gemacht hatte, mußten die Kinder feststellen, daß die Ratten wirklich ausgesprochen frech geworden waren. Nachts überraschte Neill eine ganz große in der Speisekammer. Anstatt wegzulaufen, machte sie einen Buckel und zeigte die Zähne. Neill beschloß, sich so würdevoll wie möglich zurückzuziehen. In den Drogerien gab es genügend Rattengift, aber die Kinder waren dagegen, es zu benutzen, da es, wie sie meinten, die Gedärme der armen Tiere verbrannte.

«Wir kämpfen fair», sagte Robert und blies einer Ratte mit einem Schuß den Kopf weg.

«Ich glaube nicht, daß wir mit den Ratten viel Ärger haben

werden», meinte Pyecraft. «Schließlich sind sie Parasiten des Menschen. Sie leben von dem, was die Menschen wegwerfen.»

«Und warum gibt es gerade jetzt so viele?»

«Wenn ihr mich fragt», ließ sich der weise Gordon vernehmen, «liegt es daran, daß die Katzen in die Wälder gezogen sind und hauptsächlich von Vögeln leben. Und Hunde machen sich nichts aus Ratten, wenn sie Schafe, Rinder und Pferde reißen können. Mit den Ratten werden wir leicht fertig. Es wäre was anderes, wenn wir es mit Löwen und Tigern zu tun hätten. Die wilden Tiere im Zoo dürften allerdings inzwischen verhungert sein. Da haben wir Glück gehabt, wenn ihr mich fragt.»

«Da du gerade davon sprichst», sagte Jean, «ich glaube, ich habe gestern nacht einen Löwen brüllen hören.»

Alle schwiegen betroffen.

«Unmöglich», sagte Betty unsicher.

«Völlig ausgeschlossen», sagte Michael. «Was meinst du, David?»

David betrachtete eingehend die Wand. Dann sagte er leise wie zu sich selbst: «Sie können noch nicht so weit nach Norden gekommen sein.»

«Was meinst du damit?» Alle schrien gleichzeitig. David bekam einen roten Kopf und sah Pyecraft an.

«Was ist das für ein Geheimnis?» fragte Neill ungeduldig.

«Sagen Sie es ihnen, Pyecraft», bat David nervös.

Pyecraft lachte verlegen. «Es war unser Geheimnis. Wir sind doch neulich nach London geflogen, um die Maschinengewehre zu holen. Und da haben wir furchtbare Schreie gehört, die aus dem Zoo kamen. David hatte Mitleid mit den hungrigen Tieren und sagte: ‹Wir können sie nicht so verhungern lassen. Wir müssen sie befreien, damit sie Nahrung finden können.› Ich versuchte, es ihm auszureden, aber er blieb hartnäckig. Was sollte ich machen? Ich habe ihn im Zoo abgesetzt und bin alleine nach Woolwich geflogen, um die Maschinengewehre zu holen.»

Neill funkelte David an. «Soll das heißen, daß du absichtlich die wilden Tiere freigelassen hast?»

«Genau», sagte David trotzig.

«Au fein», hauchte Betty.

«Klasse!» kicherte Bunny.

«Aber wie hast du das geschafft, ohne aufgefressen zu werden?» fragte Jean.

David lächelte und blickte sinnend in die Ferne. «Ganz leicht war es nicht», sagte er stolz. «Als ich vor den Käfigen stand, sprangen die hungrigen Bestien gegen die Gitterstäbe, und ich hatte Angst, daß die Tiger ausbrechen könnten. Ich ging ins Verwaltungsgebäude und holte mir ein großes Knäuel Bindfaden und eine Schachtel mit langen Nägeln. Dann habe ich den Bindfaden in lange Stücke geschnitten und an das eine Ende jeder Schnur einen Nagel geknotet. Anschließend habe ich die Bolzen aus den Riegeln gezogen und statt dessen die Nägel hineingesteckt. Als Pyecraft zurückkam, stieg ich mit meinen Schnüren ins Luftschiff. Dann flogen wir los, die Nägel lösten sich, und die Tiere brauchten nur noch die Käfigtüren aufzustoßen. So habe ich es natürlich nur bei den wilden Tieren gemacht. Die anderen, Giraffen und so, hatte ich vorher rausgelassen. Arme Viecher. Ich fürchte, die Löwen und Tiger haben einige davon verspeist.»

Die anderen hatten diesem abenteuerlichen Bericht atemlos zugehört.

«Ich schlage vor, daß David erschossen wird», sagte Neill ernst.

«Erschossen?» rief Michael, noch ganz begeistert von Davids Bericht. «Erschossen? Erschossen dafür, daß er England in einen richtigen Dschungel verwandelt hat? Ich finde, er verdient einen Orden.»

Die anderen Dummköpfe waren derselben Meinung, und Neill ging niedergeschlagen zu Bett. Und ...

FORTSETZUNG FOLGT

Kommentar

«Die Stelle, wo ich die Tiere im Zoo befreie, ist ein bißchen an den Haaren herbeigezogen», kritisierte David. «Käfige haben keine Riegel mit Bolzen.»

«Sollten sie aber haben», warf ich ein.

«Und Hunde bilden keine Rudel, jedenfalls nicht auf die Dauer», sagte Robert. «Auf jeden Fall würden sich die kleinen Hunde nie mit den großen zusammentun. Fuchshunde und Wolfshunde tun sich nie mit richtigen Wölfen zusammen. Nein, Neill. Das war keine Glanzleistung.»

«Das kommt alles nur daher», sagte ich, «daß ihr keine Ahnung vom dialektischen Materialismus habt.»

«Was hat das mit Hunden zu tun?»

Ich lächelte wissend. «Bei Marx gibt's Stellen, da versteht man's Bellen.»

Robert musterte mich, als wäre ich stinkiger Käse. «Wenn du nicht mehr weiter weißt, machst du faule Witze. Mit den Ratten hattest du auch unrecht.»

«Ach, du Debattenfranz mit deinem ewigen Rattenschwanz ...» begann ich.

Jean unterbrach: «Ich finde es doof, in Summerhill zu bleiben, wo wir doch die letzten Menschen sind. Ich will nach London und die Läden ausräumen. Wir könnten im Buckingham-Palast wohnen und ins Kino gehen und ...»

«Ins Kino?» fragte ich mit erhobenen Augenbrauen.

«Ach so», sagte Jean. «Das habe ich glatt vergessen. Wir hätten ja niemanden, der das Filmdings bedienen kann.»

«Und keine Elektrizität», ergänzte Michael. «Aber trotzdem stelle ich mir London ganz lustig vor. Was meinst du, Neill?»

«Vielleicht», sagte ich. «Vielleicht fahren wir das nächste Mal nach London.»

Drittes Kapitel

Jean sah den Tiger als erste. Sie war allein zur Snowden-Farm gegangen, um Eier zu holen.

«Auf der Weide hörte ich so ein komisches Gebrüll», berichtete sie atemlos. «Erst dachte ich, es wäre ein Hund, aber dann war es eine riesengroße Katze. Sie fraß eine von den Kühen. Ziemliche Sauerei, wie ihr das Blut vom Maul troff. Ich machte mich natürlich sofort aus dem Staub.»

«Wetten, daß es eine ganz gewöhnliche Katze war?» meinte Robert.

«Sie war gestreift und so groß wie ein Pferd», sagte Jean.

«Ich glaube kein Wort», sagte David, «aber ich werde heute zu Hause bleiben.»

Am nächsten Tag sah Pyecraft einen Tiger und ein Tigerweibchen. Man verbrachte den ganzen Tag damit, aus der Stadt neue Statuen heranzukarren, um eine Barrikade zu bauen. Michael erfand eine neue Methode:

«Wir nehmen am besten allen die Beine ab und benutzen sie als Untergestell. Dann legen wir die Körper quer darüber, ungefähr so. Und die Arme benutzen wir als Stützbalken.»

«Ja», sagte Neill, «aber was machen wir mit den vielen Köpfen?»

Michael hatte auch keine Idee. Bunny hatte den Einfall, sie beim ersten Angriff als Wurfgeschosse zu benutzen. Gordon schlug vor, die Köpfe mit Schießpulver oder Dynamit zu füllen und sie als Handgranaten zu verwenden. Aber aus Sentimentalität waren die anderen gegen diesen Vorschlag.

«Ein Jammer um soviel Hohlraum», seufzte Gordon, als er die Köpfe der Stadträte betrachtete.

Das Barrikadenbauen machte Spaß. Eigentlich war es nicht nötig, nachts Wachen aufzustellen, weil sie im Haus vor allen Tieren sicher waren; aber das Abenteuer lockte. So konnte man unsere Freunde nächtens im Schatten der Mauer aus den

Bürgern der Stadt Leiston auf und ab patrouillieren sehen. Aber die Tiger dachten gar nicht daran anzugreifen.

Doch eines Nachts kam es zu einem Zusammenstoß. Robert schwor, er habe drei Tiger und einen Löwen erlegt, Bunny zwei Elefanten, Evelyn sechs Leoparden, Betty zehn Krokodile. Am anderen Morgen fanden sie drei tote Schafe. Snowdens Schafe waren von einem Hund aufgescheucht worden, und sie waren blindlings in die Barrikade gelaufen.

Von nun an brauchte Neill die Kinder, wenn sie gar zu übermütig wurden, nur streng anzusehen und das Wort «Barrikade» zu sagen, dann verstummten sie.

Allmählich erfaßte eine Woge der Unzufriedenheit die ganze Gruppe.

«Was ist mit den Kindern los?» fragte Neill seinen Freund Pyecraft. «Sie sehen aus, als bedrücke sie etwas. Was kann das sein?»

«Es bedrückt sie, daß sie hier sind», sagte Pyecraft. «Sie brauchen Abwechslung. Vielleicht sollten wir mit ihnen nach London fliegen, um sie aufzuheitern.»

Neills Vorschlag, nach London zu reisen, wurde von den Kindern stürmisch begrüßt. Alle drängten ins Luftschiff, und in einer halben Stunde war man bereits über der St.-Pauls-Kathedrale. Auf Jeans Anregung landete Pyecraft direkt vor dem Buckingham-Palast. Alle stürzten sofort in den Palast, um festzustellen, wie ein Steinkönig aussieht. Aber sie konnten ihn nirgends finden. Schließlich fiel Gordon ein, daß der König gerade in Urlaub gefahren war. Er kreuzte immer mit seiner Yacht vor der irischen Küste.

«Um so besser», sagte David. «Wir hätten ihn irgendwo abstellen müssen, wenn wir uns in seinem Zimmer einquartieren wollten, und es ist nicht sehr loyal, einen König irgendwo abzustellen.»

«Sein Kopf könnte abfallen wie der vom alten Corks», meinte Betty.

«Oder wie der von Karl dem Zwoten», fügte David hinzu, der bei Neill Geschichte hatte.

Sie fanden den Palast herrlich. Als die Wolke kam, war die Palastwache gerade vor dem Eingang angetreten, und jetzt stand sie in Hab-acht-Stellung da, eine schnurgerade Reihe aufrechter Steinmänner. Robert grinste und gab dem Sergeant einen kräftigen Schubs, und die ganze Reihe purzelte übereinander wie Dominosteine. Die Kinder schüttelten sich vor Lachen und liefen durch die Stadt, um die Schlangen vor den Theater- und Kinokassen umzustoßen. Michael hatte am meisten Glück: er fand in der Oxford Street eine Kette von Polizisten. Er ergriff die Gelegenheit beim Schopf und stieß sie an, so daß sie alle seitwärts umkippten.

Sehr interessant war auch das Unterhaus. Der Premierminister hatte gerade eine flammende Rede gehalten: «Und so darf ich den sehr ehrenwerten Mitgliedern des Hohen Hauses versichern, daß wir keine noch so kleine Gasse ununtersucht und keinen Stein auf dem anderen lassen werden, bis ...» Und dann kam die Wolke. Neill erfüllte sich einen langgehegten Wunsch und sagte den Mitgliedern des Hohen Hauses einmal gehörig seine Meinung: über sie und ihre Mißwirtschaft. Michael, der etwas von einem Revolutionär hatte, warf zehn Minuten lang mit Ministerköpfen um sich.

«Mensch, sind die leicht», jubelte er. Aber er brauchte beide Hände, um mit dem Kopf von Lloyd George nach Winston Churchill zu werfen.

Es war alles in allem ein herrlicher Spaß, wie Pyecraft meinte. Aber danach sah es im Unterhaus doch einigermaßen wüst aus.

Nun wandte man sich den Geschäften zu. Neill ging zu Buck & Ryan, um dort endlich all die Werkzeuge zu besorgen, die er sich schon immer gewünscht hatte. Pyecraft jedoch teilte ihm höflich, aber bestimmt mit, er habe nicht die Absicht, sich sein schönes Luftschiff mit sieben Drehbänken, vier Schleifmaschinen und drei Tonnen Werkzeug verschiedenster Art vollstopfen zu lassen. Die Jungens begaben sich unverzüglich zu den Waffenhandlungen. Danach kamen die Spielwarenabteilungen der großen Kaufhäuser an die Reihe. Evelyn ging in den größten Schallplattenladen Londons und hörte sich den ganzen Nachmittag Platten auf einem Koffergrammophon an, denn das elektrische Grammophon funktionierte ohne Strom ja nicht. Später fand sie einen batteriebetriebenen Plattenspieler. Betty klapperte die Boutiquen der Bond Street ab. Abends erschien sie mit drei Diamanthalsbändern, fünf juwelenbesetzten Diademen im Haar und einem Sortiment kostbarer Armbanduhren. Jean verbrachte den Nachmittag in einer Konditorei und mußte in den Palast zurückgetragen werden. Neill und Pyecraft beendeten ihren Ausflug im Weinkeller des Hotels Ritz. Bunny, der sie gesucht hatte, wurde mit Gesang empfangen.

«Nach Hause», hieß es, «nach Hause, nach Hause gehn wir nicht, bis daß der Tag . . .»

Bunny empfahl sich.

Die Runde durch die Läden nahm einige Tage in Anspruch. Es gab so viel Mitnehmenswertes, daß man gar nicht alles tragen konnte. Alle Jungens hatten Taschenmesser mit mehreren Klingen, zahlreiche Schlagringe, unzählige Glasmurmeln, von Nilpferdpeitschen, Dolchen und Schwertern gar nicht zu reden. Die Mädchen hatten stapelweise Schallplatten und Kisten voller Lippenstifte und wahre Berge von Goldschmuck. Neill hatte zwei Zentner Dunhill-Tabak, und Pyecraft . . . Pyecraft hatte als einziger gar nichts. Gordon fragte ihn, warum nicht.

«Die Frage ist leicht zu beantworten», lächelte er. «Ich war Millionär und konnte mir immer alles kaufen, was ich wollte.»

«Und haben Sie alles gekauft, was Sie wollten?» fragte Gordon.

Pyecraft dachte einen Augenblick nach. «Wenn ich's mir jetzt so überlege: eigentlich nicht», sagte er. «Ich hatte zwar das viele Geld, aber wohl nie den Wunsch, mir etwas dafür zu kaufen.»

Wir wollen nicht unerwähnt lassen, daß der Zustand in den Londoner Straßen alles andere als normal war. Es war nicht leicht, sich seinen Weg zwischen Massenkarambolagen von Taxis und steinernen Menschenmengen hindurch zu bahnen. An

Autofahren war erst recht nicht zu denken. Einige herrenlose Hunde liefen herum, aber von den Zoo-Tieren war nichts zu sehen. Die Kinder besuchten den Zoo und fanden nur noch einige Affen und Reptilien vor. Sauber abgenagte Knochen verrieten, daß die Raubtiere viele von den Vierfüßlern, die sich nicht in die Bäume, in die Lüfte oder ins Wasser hatten retten können, aufgefressen hatten.

Eines Abends fragte Neill, während er sich im Königsthron zurücklehnte: «Habt ihr nicht Lust, eure Familien zu besuchen?»

Gordon, der sich gerade die Krone aufprobierte, meinte: «Das ist gar keine schlechte Idee.»

Am nächsten Tag ging er nach Hause und kam abends zurück in den Palast.

«Wie geht es den alten Herrschaften?» erkundigte sich Neill.

«Überschwenglich war die Begrüßung nicht gerade», grinste Gordon.

«So?»

«Meine Mutter war nicht da. Aber mein Vater war im Garten. Ein Gutes hat die Sache mit der Wolke: man spart das Geld für den Grabstein. Man stellt einfach die Leute im Garten auf, und jeder ist sein eigener Grabstein.»

Pyecraft und Neill wollten fort, aber die Kinder weigerten sich, London zu verlassen. Die Männer berieten sich in der Bar des Criterion-Theaters.

«Die Kinder wollen mir gar nicht gefallen», sagte Pyecraft. «Sie sehen so blaß und kränklich aus.»

«Vitaminmangel», konstatierte Neill. «Kein frisches Gemüse, kein Obst; Mangel an Vitamin C. Wir sollten aufs Land zurückgehen.»

«Sie wollen aber nicht», wandte Pyecraft ein.

«In dem Fall», meinte Neill scherzend, «wäre es besser, sie abzuschlachten. Lieber ein rascher Tod, als an Vitaminmangel dahinzusiechen. Wir geben ihnen noch bis zum Wochenende Zeit. Wenn sie dann nicht mitkommen wollen, lassen wir das Maschinengewehr sprechen.»

«In dem Fall», meinte Neill scherzend,
«wäre es besser, die Kinder abzuschlachten.»

Die Männer lachten.

Sie konnten nicht ahnen, daß David und Bunny hinter einem Rumfaß lauschten. Als Neill und Pyecraft in den Palast schwankten, pfiff ein Schuß über ihre Köpfe hinweg.

«Diese Dummköpfe spielen mit den Gewehren herum», murmelte Neill.

Als sie sich dem Palast näherten, hörten sie David herausfordernd rufen:

«Wer da?»

«Gut Freund!»

«Gut Freund?»

«Pyecraft und Neill.»

Scharf und deutlich kam die Antwort: «Verräter! Man hat euch in der Criterion-Bar belauscht. Gebt's ihnen, Jungs!»

Eine Salve krachte. Die Männer flohen und versteckten sich hinter einer versteinerten Kompanie des Dorset-Regiments. Dann machten sie sich davon. Der Krieg war ausgebrochen.

Die beiden beschlossen, ihr Hauptquartier im Tower aufzuschlagen. Sie wußten, daß sie dort genügend Waffen vorfinden würden.

«Zahlenmäßig sind sie uns überlegen», sagte Pyecraft. «Jetzt müssen wir uns auf unser Köpfchen verlassen. Zunächst einmal müssen wir aus den Wachen eine Barrikade errichten, und einer von uns muß immer wach bleiben.»

«Machen Sie sich keine Sorgen», sagte Neill. «Bei den vielen Läden werden sie uns bald vergessen haben. Sie spielen nur ein bißchen Krieg. Ihnen geht es in erster Linie ums Abenteuer.»

Pyecraft erklärte sich bereit, den Kundschafter zu machen. Als er zurückkam, berichtete er: «Da unten im Hof bin ich aber tüchtig erschrocken. Da stand ein kleiner versteinerter Grenadier und hielt eine Fanfare an die Lippen. Ich könnte schwören, daß die Fanfare ‹Tut!› gemacht hat.»

«Reine Nervensache», beruhigte ihn Neill. «Sie sind nervös, Pyecraft. Ich komme mit, und wir sehen uns Ihren Fanfarenbläser mal an.»

Sie stiegen in den Hof hinunter. Der Trompeter war nicht

mehr da, aber auf dem Boden lagen seine scharlachrote Uniform und die Fanfare. Verdutzt starrten sie darauf. Dann hörten sie Michaels Stimme hinter der Mauer.

«Blendende Idee von dir, dich als versteinerter Trompeter zu verkleiden. Spionage und zugleich Demoralisierung des Feindes», sagte er zu Robert.

Neill verbrachte den Nachmittag damit, unschuldigen steinernen Bläsern mit einem Hammer auf den Kopf zu hauen.

Am nächsten Morgen war der Hof mit merkwürdigen Gestalten bevölkert. Die Kinder hatten Madame Tussauds Wachsfigurenkabinett geplündert und alle berühmten Verbrecher und Mörder aus der «Schreckenskammer» herangeschafft.

«Mein Gott!» schrie Pyecraft entsetzt. «Ihre Köpfe bewegen sich!»

Sie wußten nicht, daß der listenreiche David sich hinter der Mauer als Marionettenspieler betätigte.

«Eine widerliche, unmenschliche Art, Krieg zu führen», beklagte sich Neill leidenschaftlich. «Dies ist kein Krieg mehr, dies ist schon schiere Barbarei.»

«Und wer hat damit angefangen?» fragte ein kleiner Amor, der den Brunnen schmückte. Dann ließ Betty Pfeil und Bogen fallen und verschwand hinter der Mauer.

Bald waren die beiden Männer dem Wahnsinn nahe; in jedem steinernen Polizisten sahen sie einen Feind; jedes Dienstmädchen konnte Tod bedeuten.

«Wir müssen hier weg», sagte Neill. «Schnell zum Fluß!»

Mitten in der Nacht schleppten die Männer ihre Maschinengewehre zur Themse. Hier fanden sie ein Motorboot und ließen sich stromabwärts treiben. Sie fürchteten, ihre Flucht könnte bemerkt werden, und wagten deshalb nicht, den Motor anzustellen. Bei Chatham gingen sie vor Anker und verbrachten den Rest der Nacht schlaflos. In der Morgendämmerung sahen sie, daß die *Hood* in der Nähe vor Anker lag.

«Ein trauriger Anblick», seufzte Pyecraft. «Das größte Kriegsschiff der Welt, und was ist aus ihm geworden? Ein Massengrab versteinerter Matrosen.»

«Denkste», brüllte Bunny, und eine zweiundvierziger Kanone krachte los. Die Granate schlug auf der Hammersmith-Brücke ein, denn die einzige Entfernung, die Bunny abschätzen konnte, war die Entfernung zwischen Vorspeise und Nachspeise. Jetzt erschienen die Kinder mit Handgranaten auf der Kommandobrücke, und hätte sich nicht der typische Londoner Nebel just in diesem Augenblick auf den Fluß gesenkt, so hätte diese Geschichte ihre beiden Helden verloren. Der Nebel aber rettete sie.

«Wir sollten in den Buckingham-Palast zurückgehen. Da werden sie uns nie suchen», schlug Neill vor.

«Ausgezeichnete Idee», sagte Pyecraft. «Wir werden ganz auf Nummer Sicher gehen und Polizeiuniformen anziehen. Wenn die Kinder kommen, erstarren wir einfach. Dann halten sie uns für versteinerte Polizisten.»

Der Plan mußte leicht abgeändert werden, weil es keine Polizeiuniform gab, die dem dicken Pyecraft gepaßt hätte. Schließlich fanden sie im Kriegsministerium mehrere Generalmajore, die Pyecrafts Figur hatten. Neill zog sich eine Polizeiuniform an und setzte sich einen Helm auf.

Dann aßen sie in den Privatgemächern des Königs zu Mittag. Sie waren gerade fertig und wollten den Tisch abräumen, als sie Schritte hörten. Sie fuhren hoch und nahmen unauffällige Stellungen ein. Neill stellte sich hin wie ein Polizist, und Pyecraft bückte sich, als wollte er ein Stück Papier aufheben.

«He, was ist denn hier los?» fragte Jean.

«Sie haben uns die Fressalien geklaut», meinte Evelyn. «Sie müssen im Palast sein; der Kaffee dampft noch. Los! Alles durchsuchen!»

Die Kinder liefen aus dem Zimmer.

«Wir sind Idioten», flüsterte Neill. «Wir hätten zum Luftschiff gehen sollen.»

«Zu spät», sagte Pyecraft. «Still! Sie kommen zurück.»

Die Kinder waren offensichtlich verwirrt. David sah sich aufmerksam im Zimmer um. «Komisch», sagte er.

«Was?» fragte Jean.

«Kuck dir mal den Bobby da an. Steht im Schlafzimmer des Königs von England und stoppt mit erhobener Hand den Verkehr.»

«Gewohnheitssache», entschied Gordon.

Pyecraft mußte niesen. Der Kampf war kurz und erbittert, und bald waren die Männer an Händen und Füßen gefesselt. Die Kinder berieten, was mit ihnen geschehen sollte.

«Verräter verdienen den Tod», sagte Michael genüßlich.

«Das versteht sich von selbst», stellte Bunny fest. «Die Frage ist bloß, wie wir sie zum Tode befördern.»

«Tod durch Erschießen», schlug Betty vor. Sie las gern Kriegsgeschichten.

«Nein», sagte Robert. «Ich bin mehr für die militärische Art und Weise. Wir nehmen ihnen die Fesseln ab und lassen ihnen einen Revolver da. Dann verlassen wir den Raum, und sie geben sich einen ehrenvollen Tod.»

Man einigte sich auf dieses Verfahren. Bald waren Neill und Pyecraft mit dem Revolver allein im Zimmer.

«Apreh fuh», sagte Neill mit seinem unnachahmlichen Pariser Akzent.

«Machen Sie sich nicht lächerlich», murrte Pyecraft. «Warum sollen wir uns erschießen? Wir schießen zweimal in die Luft, dann glauben sie, wir hätten Selbstmord begangen. Wenn sie dann hereingerannt kommen, rufen wir: ‹Hände hoch!›»

«Bravo!» sagte Neill anerkennend. Zwei Schüsse bellten auf, und die Kinder stürzten herein.

«Hände hoch!» knurrte Neill grimmig.

Die Kinder ließen ihre Hände, wo sie waren.

«Hände hoch, oder ich schieße!»

Die Kinder rührten sich nicht. Neill drückte ab; es machte klick, und die Kinder brüllten vor Lachen.

«Glaubt ihr, wir wären so doof, daß wir euch mehr als zwei Patronen geben?» krähte David. Dann huschte Zornesröte über sein Gesicht. «Ihr elenden Verräter», knirschte er, «für euch gibt es jetzt nur noch die Folter. In den Tower mit ihnen! Und die Daumenschrauben angelegt!»

Evelyn drehte abwesend an den Radioknöpfen herum. Plötzlich ertönte eine tiefe, laute Stimme.

«Achtung, Achtung, Achtung. Hier ist der Deutschlandsender. Achtung.»

«Das ist Deutsch!» japste Robert. «Jetzt sind wir doch nicht die einzigen. Was hat er gesagt, Neill?»

«Warum sollte ein Kriegsgefangener, den Folter und sicherer Tod erwarten, seinen Henkern gefällig sein?!» versetzte Neill würdig.

Die Kinder tuschelten. Michael trat vor. «Wir bieten euch freies Geleit an, wenn du uns übersetzt, was er gesagt hat.»

Neill schüttelte den Kopf.

«Das genügt nicht», sagte er mit fester Stimme. «Noch ist die Kriegsschuldfrage nicht geklärt. Wir haben den Krieg nicht begonnen.»

«Verfluchter Lügner!» zischte Evelyn wütend. «Ihr wolltet uns alle meuchlings abknallen.»

«Das war doch nur ein Witz. Wir machten uns Sorgen um eure Gesundheit.»

Robert seufzte. «Ich glaube, wir werden uns alle bald Sorgen um unsere Gesundheit machen müssen, wenn diese deutschen Typen noch leben. Da es Deutsche sind, wollen sie wahrscheinlich die ganze Welt erobern. Was hat er gesagt, Neill?»

«Nicht viel», sagte Neill und übersetzte ihnen die Worte des Sprechers.

«Das gefällt mir nicht», beklagte sich Betty. «Niemand hat das Recht, noch am Leben zu sein. Die Welt gehört uns.» Und die anderen stimmten ihr stürmisch zu.

«Ich meine», sagte David, «wir sollten nach Deutschland fliegen und diese Burschen aufstöbern.»

«Und wenn ihr sie gefunden habt?» fragte Pyecraft.

«Tja», sagte David unverbindlich.

Damit ist Schluß für heute. Nächstes Mal fahren wir nach Deutschland.

FORTSETZUNG FOLGT

Kommentar

«Zu überzogen», lautete Roberts Kritik. «Die Geschichte mit dem Tower ist auch doof. Und wie kommt die Hood *plötzlich nach Chatham? Ohne Dampf und Heizer? Ich finde, eine Geschichte sollte immer wirklichkeitsnah sein.»*

«Wenn Neill erzählt, finde ich alles wirklichkeitsnah», sagte die weniger kritische Evelyn.

«Robert hat recht», schaltete sich Michael ein. «Wie können wir die Wachsfiguren von Madame Tussaud zum Tower schaffen, wenn die Straßen mit Autos und Leuten verstopft sind?»

«Mit der U-Bahn. Charing Cross umsteigen», sagte ich.

«Die U-Bahn ist nicht mehr in Betrieb», gab Michael zu bedenken.

Ich überlegte. «Ihr seid auf den Schienen gegangen. Mit Fakkeln.»

«Nein», sagte Michael entschieden. «Die Züge sind alle zusammengestoßen und blockieren die Strecke.»

Ich lächelte wissend. «Das beweist wieder, wie wenig ihr von Naturwissenschaft versteht. Die grüne Wolke war nicht sehr viel schwerer als Luft; sie sank also nur sehr langsam in die U-Bahn-Schächte, langsam genug, daß die Zugführer merkten, wie ihnen komisch wurde, und noch eine nächste Station erreichen konnten.»

«Dieser Neill, der findet immer 'ne Ausrede», sagte Bunny. «Jedenfalls hängt mir London allmählich zum Hals raus. Ich will mit Löwen und Tigern kämpfen. Ich finde es doof, gegen dich und Pyecraft zu kämpfen, wenn nur noch so wenige von uns übrig sind.»

Betty zog mich am Ärmel. «Hör mal, Neill. Wenn du eine Geschichte erzählst, mußt du sie richtig erzählen. Du sagtest, du würdest es mir nie verzeihen, daß ich das Weiße Rössel angezündet habe. Du würdest dich schon noch rächen.»

«Rache läßt manchmal auf sich warten, Betty», sagte ich. «Sei auf der Hut!»

Viertes Kapitel

Sie flogen nach Deutschland.

Pyecraft sagte: «Wahrscheinlich wurde die Nachricht von einem Flughafen gesendet. Wenn jemand überlebt hat, muß er – genau wie wir – über der Wolke gewesen sein.» So überflogen sie Hamburg, Berlin, Dresden, München und alle anderen Städte mit einem Flughafen. Alles war tot.

«Allmählich hab ich's satt, mir ewig diese Deutschen mit ihren versteinerten Heil-Hitler-Armen anzusehen», gähnte Betty. «Ich bin dafür, daß wir wieder nach Hause fahren.»

«Vielleicht gibt es noch ein paar Bergsteiger, die über der Wolke waren. Welches ist der höchste Berg in Deutschland, Neill?»

Neill sagte es ihm, aber David konnte den Mount Everest nicht auf der Landkarte finden. «Hier ist einer, der ganz schön hoch aussieht; Zugdingsbums oder so.»

«Die Zugspitze», nickte Pyecraft. «Versuchen wir's mal mit der Zugspitze.» Er lenkte das Luftschiff in die Bayrischen Alpen. Als sie über der Zugspitze waren, blickten alle angestrengt durch die Ferngläser nach unten.

«Da!» rief Bunny plötzlich. «Da schwenkt doch jemand eine Nazi-Fahne!»

So war es.

Neill ergriff die Flüstertüte und forderte den Mann in seinem besten Deutsch auf, ins Tal hinabzusteigen, da das Luftschiff nicht auf dem Gipfel landen könne. Der Mann rannte ins Tal. Das Luftschiff sank langsam. Sie landeten, und der Mann kam keuchend auf sie zu. Alle starrten ihn an. Er war in Lumpen gehüllt, unrasiert und sah aus wie der Schneemensch persönlich. Gordon fingerte instinktiv an seiner Pistole herum. Der Deutsche versuchte zu sprechen, aber seine Worte ergaben keinen Sinn. Pyecraft reichte ihm ein großes Glas Schnaps: seine Wangen bekamen Farbe, und sein Blick belebte sich.

«Der arme Mann», murmelte Betty. Sie war den Tränen nahe.

Der Deutsche sah sie an, und dann zog ein Lächeln über sein Gesicht.

«Englisch?» fragte er. «Gut, I speak a leetle Englisch, by dam I am, not true?» Die Kinder lachten, und er lachte mit. Dann erzählte er ihnen seine Geschichte. Er hieß Fritz Apfelkuchen und war zweiundfünfzig Jahre alt. Er war Funker von Beruf. Auf der Zugspitze sollte er ein neuartiges tragbares Funkgerät testen. So war er der Wolke entronnen. Er war völlig verwirrt, weil er die grüne Wolke nicht bemerkt hatte. Als er ins Dorf hinunterkam, waren alle Leute versteinert gewesen, und er hatte geglaubt, er sei übergeschnappt. Die Kinder erklärten ihm die Sache mit der Wolke. Er wunderte sich nicht schlecht. Daß die Menschheit ausgestorben war, schien ihn weniger zu stören. «Ich finde es nur schade, daß ich mit niemandem mehr funken kann.»

«Was haben Sie jetzt vor?» erkundigte sich Neill. «Sie können doch nicht so mutterseelenallein in Deutschland bleiben. Sie sollten mitkommen nach England.»

Fritz schüttelte den Kopf. «Nein», sagte er, «das geht nicht. Ich bin Deutscher. Deutschland ist mein Vaterland, und hier bleibe ich. Aber wir können uns ja immer über Funk unterhalten.»

«Hmhm», machte Neill. «Leider versteht keiner von uns etwas vom Funken.»

«Du vielleicht nicht; wir verstehen was vom Funken», sagte Gordon, und die anderen Jungens brummten zustimmend.

Pyecraft legte sich ins Mittel. «Laßt es euch doch von Fritz beibringen.»

Der Vorschlag wurde angenommen. Sie flogen nach Berlin, und Fritz baute ihnen einen kleinen Sender, den sie nach England mitnehmen sollten. Er war stark genug, und man konnte ihn mit Autobatterien betreiben.

«Ich bin dafür, daß wir nach Summerhill zurückfahren», sagte Jean. Sie stimmten alle zu.

Sie waren richtig froh, wieder zu Hause zu sein, obwohl alles ziemlich verwildert und nicht gerade einladend aussah. Es war ein guter Sommer gewesen: überall wucherte Gras. Die Kieswege waren grün, und sogar auf den Asphaltstraßen zeigten sich hier und da schon grüne Büschel. Chads Bart war verwittert und abgebrochen. Evelyn klebte ihm einen neuen Bart aus Heu an. Am nächsten Tag hatten die Ratten ihn abgefressen. Überhaupt hatten sich die Ratten im ganzen Haus breitgemacht und waren über die Rückkehr der Menschen gar nicht erfreut. Vollgefressen und arrogant sahen sie aus. Die Kinder fragten sich, wovon die Biester so fett geworden waren. Dann entdeckten sie überall Skelette von Schweinen, Kühen und Pferden und wußten Bescheid.

«Wenn ihr mich fragt», orakelte Robert düster, «wird es nicht mehr lange dauern, bis sie alle Tiere aufgefressen haben. Dann kommen wir dran.»

«Ich kann mir einen schöneren Tod vorstellen, als in Raten von Ratten verspeist zu werden», sagte Pyecraft. Die Kinder schauderten.

«Ich weiß was», rief Gordon plötzlich.

«Was weißt du?»

«Wie wir die Ratten loswerden. Wir besorgen uns sämtliche Terrier, die wir auftreiben können, und bilden sie zu unserer Leibwache aus.»

«Eine hervorragende Idee», meinte Neill. «Aber wie willst du die Terrier einsammeln? Die leben doch längst wie Wölfe in Rudeln. Und wenn ihr wirklich ein paar fangen könntet, ist noch lange nicht raus, ob sie nicht die Ratten ignorieren und sich an uns gütlich tun.»

«Wir könnten ihnen vielleicht die Welpen abnehmen. Und die richten wir dann auf Ratten ab.»

Dieser Plan schien einigermaßen praktikabel. Bald hatten sich unsere Freunde in gewiefte Fallensteller verwandelt. Das Terrierrudel wurde von dem Schäferhund angeführt, und die Hunde waren schrecklich wild. Die Horde hatte einen Zoo-Löwen angefallen, einen Tag lang mit ihm gekämpft und ihn schließlich überwältigt. Jetzt lag der Kadaver in Theberton und verweste.

«Zu Fuß schaffen wir es nie», erklärte David. «Wir müssen uns Pferde besorgen.»

Das war leichter gesagt als getan. Es gab nur noch sehr wenige Pferde. Die meisten waren auf eingezäunten Weiden gewesen, wo die Hunde mit ihnen leichtes Spiel gehabt hatten. Neill schlug einen Ausflug in die schottischen Hochmoore vor. Dort mußten mehr Pferde überlebt haben, denn dort konnten sie leichter fliehen.

Aber wie, warf Bunny ein, wollte man sie nach Summerhill bringen, gesetzt den Fall, man finde sie. Für Pferde war das Luftschiff zu klein.

«Sehr wahr», bestätigte Neill. «Aber wir könnten sie von einem schottischen Hafen aus verschiffen.»

Das klang nicht übel. Man flog nach Schottland. Und richtig: In rauhen Mengen galoppierten hier wilde Pferde mit wehenden Mähnen durch die Gegend.

«Auf sie mit Gebrüll!» frohlockten die Jungens.

«Immer langsam», mahnte Neill. «Seht mal, was dort vom Hügel kommt. Eine Herde wilder Rinder, die Bullen an der Spitze. Vorsicht, die greifen an!»

Sie flohen in panischer Angst zum Luftschiff. Kaum hatten sie vom Heidekraut abgehoben, kamen auch schon die Leitstiere angeprescht.

«Schmeißt eine Bombe drauf!» schrie Bunny. Die Mädchen erklärten, er sei ein Mörder. Es sei doof und gemein, so schöne Tiere umzubringen.

«Schöne Tiere?» meinte David geringschätzig. Schaudernd blickte er auf die wütenden Bullen hinunter, die schnaubend herumstampften. «Ich bin heilfroh, kein spanischer Stierkämpfer zu sein. Und du, Neill?»

«Ich bin auch heilfroh», sagte Neill hastig. «Aber ich habe da eine Idee. Wißt ihr noch, was Michael uns gestern abend über die Theorie des Stierkampfes erzählt hat? Es geht nur darum, sagt Michael, daß der Stier den roten Fetzen und nicht den Matador angreift. Ich möchte vorschlagen, daß Michael nunmehr seinen theoretischen Vortrag durch eine praktische Vorführung ergänzt.»

Michael lächelte kläglich. «Sehr witzig. Ich sprach von einem Stier in der Arena, nicht von ein paar hundert Stieren im schottischen Heidekraut.»

«Vielleicht finden wir irgendwo einen einzelnen Stier», schlug Neill hilfsbereit vor.

Inzwischen hatte sich das Luftschiff von der Herde entfernt.

«Seht mal, da unten», sagte Gordon, «ist da nicht ein Stier allein auf weiter Flur?»

«Das ist ein Schaf», sagte Michael eilig.

«Nein», entschied Neill, «es ist ein Stier. Gebt Michael sein Schwert. Wir lassen ihn mit der Strickleiter hinunter.»

Haßerfüllt starrte Michael den Schulmeister an. «Das ist unfair. In Spanien läßt man den Stier erst bis zur Erschöpfung Pferde aufschlitzen. Dann rammt man ihm Pfeile in den Rükken. Und wenn er fast schon gar nicht mehr hinten hoch kann, kommt der Matador und gibt ihm den Gnadenstoß. Dieser Stier hier ist völlig ausgeruht. Ohne Pferd bin ich ein Kind des Todes.»

Neill sah ihn durchdringend an. «Theorie ist schön und gut. Wenn es aber zur Praxis kommt . . .»

Michael sprang auf. «Gebt mir meine rote Fahne und mein Schwert! Ich werde dir beweisen, daß ich kein Feigling bin!» Er schwang sich hinaus und kletterte die Strickleiter hinunter. Den Kindern blieb die Luft weg.

«Neill, du Idiot!» brüllte David. «Du treibst ihn in den sicheren Tod.»

«Besser einen ehrenvollen Tod als ein Leben in Schande», dozierte Neill. «Er wird uns fehlen. Er war ein guter Kamerad.»

Michael hatte den Erdboden erreicht. Er gab den anderen ein Zeichen. Sie holten die Strickleiter ein. Nun war er allein. Sein Mund drückte Entschlossenheit aus, seine Augen waren fest auf den Stier gerichtet. Der Stier sah auf und schnaubte ein bißchen. Dann wandte er sich wieder dem saftigen Gras zu. Michael trat einen Schritt vor und schwenkte die rote Fahne. Der Stier schnaubte noch zweimal und röhrte dann fürchterlich. Michael erbleichte, trat aber noch näher heran. Der Bulle raste auf ihn zu.

«Ausgezeichnet!» rief Pyecraft. «Habt ihr gesehen, wie er die Fahne rausgestreckt hat – unmittelbar vor dem Aufprall? Seht euch das an! Jetzt weicht er aus, und der Stier verfehlt ihn nur um Haaresbreite!»

Wütend wandte sich der Stier erneut Michael zu. Er griff an, und sein linkes Horn fetzte Michael den Hosenboden fort. Etwas Besseres hätte Michael nicht passieren können, denn jetzt flatterte sein Hosenboden dem Bullen vor den Augen herum und behinderte ihm die Sicht. Und das versetzte ihn natürlich erst recht in Rage. Zornig trommelte er den Boden mit seinen Hufen und machte kleine, flinke Ausfälle.

Der Stier war nicht so dumm, wie er aussah. Die spanischen Kampfstiere lernten erst im Augenblick ihres Todes, daß nicht das rote Tuch, sondern der Mann ihr Feind ist. Deswegen darf kein Stier, dem es gelungen ist zu überleben, ein zweites Mal in die Arena. Er wäre nämlich zu gewitzt und fiele nicht mehr auf den roten Lappen herein. Dieser schottische Stier war bereits nach dem zweiten Angriff gewitzt genug. Er würdigte die rote Fahne keines Blickes und rannte jedesmal frontal auf Michael zu. Die Kinder hatten ihre Maschinenpistolen auf das Tier gerichtet: für den Fall, daß Michael Pech haben sollte. Michael wußte das nicht. Und später, als sie es ihm berichteten, reagierte er ausgesprochen sauer.

Die beiden Kämpfenden wurden immer erschöpfter. Schweiß troff in Bächen an ihnen herab. Plötzlich bekam der Stier Michael zu fassen und schleuderte ihn hoch in die Luft. Michael landete rittlings auf dem Bullen. Der tobte in wilden Kreisen herum und bockte, um seinen Reiter abzuwerfen – wie bei einem richtigen Rodeo. Michael schwenkte seinen Hut und schrie: «Yippiiiii!» Dann stürzte er und lag reglos am Boden. Der Stier schickte sich an, die leblose Gestalt anzugreifen,

Michael schwenkte seinen Hut und schrie: «Yippiiiii!»

und ein entsetzter Aufschrei entrang sich den Luftschiffern. Das Entsetzen machte grenzenloser Erleichterung Platz, als die Kinder sahen, daß Michael sein Schwert auf den heranstürmenden Stier richtete. Ein Aufblitzen von Stahl, ein Krachen eines mächtigen Rumpfs, und eine rote Fontäne verfärbte das Heidekraut. Das hatte gesessen; mitten ins Herz; Michael fiel in Ohnmacht.

Alle, sogar Neill, waren der Meinung, daß Michael sehr gewandt und tapfer gekämpft hatte. Michael wehrte bescheiden ab; er habe lediglich mehr Glück als Verstand gehabt, aber er wußte natürlich, daß das gelogen war.

«Das war eine gekonnte Einlage», kommentierte Pyecraft, «aber eigentlich wollten wir ja Mustangs fangen. Ich schlage folgendes vor: Wir suchen eine Herde und scheuchen sie mit dem Luftschiff in eine enge Schlucht, wo sie nicht mehr entkommen kann.»

Dieser Plan wurde gutgeheißen, und sie trieben eine Herde in ein geeignetes Tal, an dessen Ende sich Felsen auftürmten, so daß die Pferde in der Falle waren. Sie hatten eine große Herde erwischt: etwa dreihundert Tiere.

Pyecraft war vor vielen Jahren Cowboy gewesen und zeigte ihnen, wie man mit dem Lasso umgeht. Sie übten an zwei versteinerten Schäfern, die in der Nähe standen. Pyecraft brachte ihnen bei, wie man das Seil im richtigen Augenblick plötzlich straff anzieht; bei diesem gekonnten Ruck gingen jedesmal die Schäferköpfe ab. Bald hatten die Kinder den Bogen raus.

Zunächst waren die Pferde scheu geworden, weil die meisten von ihnen noch nie einen Menschen gesehen hatten. Aber allmählich gewöhnten sie sich an die Zweibeiner, die jeden Tag friedlich mit dem Lasso trainierten, und ließen sich nicht mehr beim Grasen stören.

Das Weitere ist schnell erzählt: Sie fingen neun Pferde, eins für jeden. Pyecraft allerdings ging leer aus, denn natürlich gab es kein Pferd, das ihn hätte tragen können. «Wir fliegen zurück und warten, bis ein Elefant vorbeikommt. Den fangen wir dann ein», tröstete ihn Betty.

Mit den Pferden gab es einige Scherereien. Sie schlugen aus, bockten und kämpften, aber schließlich waren alle aneinandergekoppelt und mit einem dicken Seil ans Luftschiff gefesselt. Dann ging es im Tiefflug langsam seewärts. In dem kleinen schottischen Hafen Buckie fanden sie ein passendes Schiff. Neill und Pyecraft erklärten sich großzügigerweise dazu bereit, das Luftschiff nach Hause zu fliegen, während die Kinder die Pferde mit dem Schiff nach Sizewell bringen wollten.

«Glaubt ihr, daß ihr mit dem Schiff allein fertig werdet?» fragte Neill zweifelnd.

«Aber klar doch», antworteten sie gekränkt.

«Na denn: Klar Schiff!»

Die Kinder würdigten ihn keiner Antwort.

Auf dem Heimflug bemerkte Neill: «Ich mache mir wirklich Sorgen. Sie wissen nicht, wie man Kurs hält, nichts von Klippen und Untiefen; die Feuerschiffe und Leuchttürme sind längst außer Betrieb. Wir hätten sie nicht allein lassen sollen.»

«Die schaffen das schon», meinte Pyecraft.

Das Schiff lag immer noch im Hafen, denn zunächst mußte Nahrung für Mensch und Tier beschafft werden. Die Kinder hatten keine klare Vorstellung von Pferdefutter, und so mußten sie aus ihren Fehlern lernen. Evelyn versuchte es bei ihrem Pferd mit einer Dose Sardinen – ohne Erfolg. Betty stellte in der Kombüse ein prächtiges Menü zusammen:

Tomaten aus der Büchse
Corned beef
gekochte Mohrrüben
Vanillepudding

Es roch köstlich, und Betty wunderte sich nicht schlecht, als ihr Pferd die Sache beschnüffelte und danach geflissentlich in eine andere Richtung blickte.

«Alles, was ich über Pferde weiß, ist, daß sie Gras fressen», sagte Jean. «Aber wir können wohl kaum eine Wiese aufs Schiff laden.»

«Vielleicht fressen sie auch Heu», schlug David vor und plünderte einen Heuschober. Der Erfolg war überwältigend, und den ganzen Tag karrten sie Heu heran.

Nachdem die Frage der Verpflegung geklärt war, wandten sie ihre Aufmerksamkeit dem Schiffsmechanismus zu. Es handelte sich um ein Dampfschiff (tausend Bruttoregistertonnen). Man mußte Kessel anheizen und Feuer schüren, was den Jungens großen Spaß machte. Die Mädchen kümmerten sich um Proviant und Kombüse. Es dauerte seine Zeit, bis die Kessel unter Dampf standen, und dann erhob sich die Frage, wer steuern sollte. Durch einfaches Handaufheben wählten die Kinder Robert zum Kapitän, da sein Onkel einen Mann kannte, dessen Bruder Kapitän auf einem Vergnügungsdampfer war. Robert setzte einen Südwester auf und schritt auf der Kommandobrücke auf und ab. Er war ungeheuer stolz auf sich und gab merkwürdige Laute von sich:

«Alle Mann in die Wanten! Jeden Fetzen Leinwand setzen, ihr Kanaken! Hoch mit dem Anker!»

«‹Hoch mit› kommt vor dem Fall», kalauerte Gordon, der das Deck schrubben mußte. Der Kapitän verbat sich solche aufrührerischen Redensarten. Erstaunlich, wie eine Kommandobrücke jemanden verändern kann.

«Ablegen!» befahl der Kapitän, und alle legten die Jacke ab. David, der Erste Maschinist, stand im Maschinenraum.

«Volle Fahrt voraus», signalisierte der Kapitän, und David betätigte einen Hebel. Das Schiff krachte rückwärts gegen die Mole, und es entspann sich ein langes, bissiges Telefongespräch zwischen Brücke und Maschinenraum. Betty empfahl, bei der Wahl der Ausdrücke doch wenigstens auf die Pferde etwas Rücksicht zu nehmen. Robert signalisierte weiter vor sich hin; David probierte sämtliche Hebel aus, und schließlich gelang es ihm, das Schiff auf eine Sandbank zu setzen.

Während sie auf die Flut warteten, hielten sie eine Versammlung ab und wählten Bunny zum Kapitän und Gordon zum Ersten Maschinisten.

Die Flut kam und machte das Schiff wieder flott. Sie dampften aufs offene Meer hinaus. Der Kapitän ging auf Südkurs, die Maschinen stampften rhythmisch, die See war ruhig, und die Mannschaft schlief den Schlaf der Gerechten. Jean übernahm die Brücke, während Bunny sich seinem Frühstück widmete und anschließend ein Nickerchen machte. «Aber», schärfte er ihr ein, «halte den Kurs!»

«Ay, ay, Sir», sagte sie und salutierte. Bunny schenkte ihr ein huldvolles Lächeln.

Es war eine schöne Fahrt. Die Pferde mampften ihr Heu; die Kinder machten sich auf dem Schiff nützlich. Das Heizen allerdings erwies sich als elende Schinderei, und oft blieb das Schiff stehen, weil der Dampf ausging. Bunny übernahm wieder die Brücke. Am Ufer kam eine Stadt in Sicht. «Newcastle», erklärte Bunny leutselig.

«Ich wußte nicht, daß Newcastle so gebirgig und bewaldet ist», sagte Robert, der eigentlich nur neidisch auf Bunnys Kapitänswürde war.

«Das liegt daran», meinte Bunny hochfahrend, «daß du zu oft Erdkunde geschwänzt hast, junger Freund.»

«Whwhwhwhwh!» Jean klapperte mit den Zähnen. «Es ist bitter kalt. Wenn wir in Richtung Süden führen, müßte es wärmer sein.»

«Das ist ein Hochdruckkeil über Island, der in südwestlicher Richtung kalte Meeresluft . . .» begann Bunny.

Dann sah Robert Schnee an der Küste. «Merkwürdig», unterbrach er. «Wir fahren nach Süden. Es schneit. Im Oktober. Ich schlage vor, wir gehen hier an Land und sehen nach, wo wir sind.»

«Da vorn ist Scarborough», sagte Bunny ungnädig. «Ich weiß genau, wo wir sind.» Die Mannschaft aber bestand auf Roberts Vorschlag, und man steuerte den Hafen an.

«BERGENS FISKEBOLLER», buchstabierte Robert. «Grundgütiger Himmel, dieser Künstler hat uns nach Holland gefranzt.»

«Schweden», berichtigte Betty. «Kein Wunder, daß es kalt ist. Wir brauchen einen neuen Kapitän.»

Evelyn wurde gewählt, und sie brachte das Schiff sofort auf südlichen Kurs. Sie fuhren die ganze Nacht in südlicher Richtung, und am Morgen waren sie wieder in Bergen. So wurde Betty Kapitän. Betty war ein guter Kapitän, und jetzt fuhren sie wirklich nach Süden.

«Nun sind wir schon eine Woche unterwegs», beklagte sich Gordon, «und wir sollten eigentlich längst in Sizewell bei Leiston bei Summerhill sein. Statt dessen ist nicht einmal mehr Land in Sicht. Und das Barometer fällt. Das gefällt mir nicht. Wenn ein Sturm aufkommt, ist Betty machtlos.»

Der Sturm brach aus, Betty war machtlos, und das Schiff schlingerte und knarrte bedenklich. Betty mußte sich an der Kommandobrücke festschnallen. Die armen Pferde waren verängstigt und seekrank. Die ganze Mannschaft war seekrank, aber seekrank oder nicht, die Kessel mußten unter Dampf gehalten werden.

«Wir müssen beidrehen!» brüllte Bunny.

«Was müssen wir drehen?» brüllte Betty.

«Weiß ich doch nicht», brüllte Bunny. «Aber bei Sturm muß man immer beidrehen!»

«Ich drehe langsam durch», brüllte Evelyn. Ihr ging es sehr schlecht.

Es war schrecklich. Der Sturm wütete drei Tage lang. Zweiundsiebzigmal glaubten sie, ihr letztes Stündlein habe geschlagen. Dann legte sich das Unwetter. Bald schien die Sonne wieder, und das Meer war still und grün.

«Es ist schon viel wärmer geworden», verkündete Jean, die sich auf Deck sonnte.

Abends gingen sie in Barcelona vor Anker.

«Wir müssen nachts durch die Straße von Gibraltar geschlüpft sein», vermutete Robert. «Schmeißt den Kapitän raus und versucht's noch mal mit mir.» So geschah es. Robert navigierte das Schiff mühelos zurück nach Gibraltar, hinaus in den Atlantik, und dann ging ihnen die Kohle aus. Jetzt entsannen sie sich ihres Funkgeräts und sandten ein S.O.S. in den Äther.

Wie durch ein Wunder empfing Neill ihren Hilferuf.

«Wo seid ihr?»

«Auf See. Wir haben keine Kohlen mehr. Und nur noch sehr wenig Proviant.»

«Daß ihr auf See seid, kann ich mir vorstellen. Aber wo? Liegt ihr immer noch vor der schottischen Küste?»

«Wohl kaum», meinte David, der die Funkerei übernommen hatte. «Wir sind aus Versehen nach Barcelona gefahren.»

«Nach Barcelona? Was zum Teufel wollt ihr in Barcelona?»

«Vor zwei Tagen passierten wir Gibraltar.»

«So. Na ja. Dann ist ja alles ganz einfach. Wenn ein Schiff untergeht, gibt es zuerst seinen genauen Standort durch. Ich bitte um Durchgabe der genauen Position.»

«Ich möchte mich da nicht festlegen», sagte David. «Links von uns ist ein großes Schiff. Rechts sind ein paar Fliegende Fische, und . . .»

«Welcher Breitengrad? Welcher Längengrad? Du Schwachkopf!»

«Was ist das?»

«Weiß ich auch nicht. Aber jedes anständige Schiff hat welche an Bord. Seht vielleicht mal im Kapitänsspind nach. Hallo! Hallo!» Aber die Schiffsbatterien waren am Ende. Neill sah Pyecraft an. «Wir müssen sie finden», sagte er mit gepreßter Stimme.

Um es kurz zu machen: Sie fanden die Kinder und zogen das Schiff längsseits eines White-Star-Dampfers mit steinerner Besatzung. Sie bunkerten Kohlen und nahmen Essen und Fressen an Bord. Pyecraft flog mit dem Luftschiff vor ihnen her, und so erreichten sie irgendwann den Strand von Sizewell bei Leiston bei Summerhill. Das Schiff konnte hier wegen seines Tiefgangs nicht anlegen. Deshalb flog Pyecraft die Kinder nach Hause, und am nächsten Tag holten sie die Pferde nach. Die Jungens ruderten in Booten hinaus und ließen die Pferde an Land schwimmen.

Im nächsten Kapitel werden wir erfahren, wie die Pferde zugeritten wurden.

FORTSETZUNG FOLGT

Kommentar

«Danke für den Stierkampf, Neill», sagte Michael.

«In Wirklichkeit hättest du das nie geschafft», warf Evelyn ein.

«Da wär ich mal gar nicht so sicher», sagte Michael keck, ergriff einen Schürhaken und attackierte das Sofakissen.

«Das mit dem Schiff war Käse», meinte Robert. «Solche Fehler würden wir nie machen. Außerdem weiß jedes Kind, was ‹beidrehen› bedeutet: Man hält den Bug genau ins Zentrum des Sturms und macht halbe Fahrt.»

«Ich dachte, es heißt, daß man klein beigibt und Ballast abwirft», sagte Evelyn und lachte unsicher.

«Du hättest diesen Deutschen nicht ins Spiel bringen sollen», sprach Bunny. «Ich finde es schöner, wenn wir ganz allein auf der Welt sind.»

«Aber er ist ein feiner Kerl», seufzte Jean.

«Fein oder nicht fein. Das kommt nicht in Frage», sagte Bunny. «Schaff ihn uns vom Hals, Neill.»

David dachte scharf nach. «Nicht nötig. Irgendwann stirbt er, und dann ist Schluß. Er ist doch nicht verheiratet. Somit kann er auch keine Kinder kriegen.»

«Du bist auch nicht verheiratet», gab Jean zu bedenken.

«Nein. Aber wenn wir erwachsen werden . . . o Gott! Überlegt euch das mal, Freunde! Wenn wir erwachsen werden, gibt es niemanden zum Heiraten außer diesen drei widerlichen Spinatwachteln.»

Robert musterte die Mädchen lieblos. «Du hast recht. Sie sind ziemlich mies. Aber wenn wir sie nicht heiraten, stirbt die menschliche Rasse aus. Wir können nur hoffen, daß Pyecraft Sultan werden möchte und einen Harem braucht. Dann könnte es klappen.»

Betty schnaufte. «Wenn ihr unsere Männer werden sollt, wäre es für die menschliche Rasse das beste, so früh wie möglich auszusterben. Übrigens läßt Neill immer nur die Jungens Heldentaten vollbringen. Das ist nicht fair.»

«So komisch ist es gar nicht, ganz allein auf der Welt zu sein», sagte Jean. «Laß eine neue Wolke kommen, die alle Leute wieder zum Leben erweckt, Neill.»

«Und was macht Corks dann ohne Kopf?» fragte Robert.

«Und Branwen, das Fundament des neuen Werkraums?» kicherte Evelyn. «Nein, laß sie, wie sie sind. Es sind sowieso immer noch zu viele am Leben.» Sie warf Robert einen bedeutsamen Blick zu. Robert streckte ihr die Zunge heraus.

«An der Geschichte gefällt mir eins nicht», sagte Gordon. «Die Zeit fehlt.»

«Wozu brauchst du Zeit?» fragte ich.

«Nur so. Zeit. Du erzählst nicht, wie lange wir schon überlebt haben. Nie heißt es: ‹Am 10. August begab es sich, daß . . .› und so weiter.»

«Wozu auch? Zeit wird von Ereignissen bestimmt. Eine Stunde Zahnschmerzen oder eine Stunde mit Evelyns Schallplatten ist eine lange, lange Zeit. Eine Stunde im Kino dagegen vergeht wie im Fluge.»

«Ach», seufzte Betty, «wenn wir doch ins Kino gehen könnten.»

«Kino», sagte David verächtlich. «Wir müssen Hunde umbringen, und sie will ins Kino. Arschloch.»

Fünftes Kapitel

«Das Zureiten von Pferden», erklärte Pyecraft, «ist keine einfache Sache. Ich weiß nicht, was ihr Engländer für eine Methode habt; wir im Wilden Westen ... na, ich werde es euch mal zeigen.»

Die Pferde waren in verschiedenen Klassenzimmern untergebracht. Pyecraft suchte ein Pferd aus, legte ihm vorsichtig ein Halfter an und führte es an einem langen Seil auf den Hockeyplatz. Hier ließ er es im Kreis um sich herumlaufen. Das Pferd schlug wild aus, machte aber mit. Sobald es etwas erschöpft war, verkürzte Pyecraft die Leine nach und nach. Der Kreis wurde immer enger, das Pferd immer aufgeregter; das ungewohnte Seil und die Angst vor Menschen machten es rasend. Es versuchte, Pyecraft zu beißen, aber Pyecraft schlug ihm mit einer Gerte hart auf die Nase. Diese Prozedur wiederholte er geduldig immer wieder, bis es sich verschüchtert näher heranzerren ließ. Dann legte Pyecraft ihm ein Geschirr an. Dazu mußte er dem Pferd ein Vorderbein hochbinden. Schließlich spannte er es vor einen großen Holzklotz. Nun war der Teufel los. Das Pferd raste auf dem Hockeyplatz herum, und der Klotz polterte hinterher. Das Tier war außer sich vor Angst. Aber allmählich wurde es müde und damit ruhiger. Pyecraft brachte es dazu, im Schritt zu gehen und den Holzklotz zu ziehen.

«Jetzt kommt die zweite Stufe», gab Pyecraft bekannt. «Das Pferd wird gesattelt und zugeritten. Ihr seht ja, daß ich dazu nicht die passende Figur habe. Neill wird euch zeigen, wie es gemacht wird.»

Neill fiel plötzlich ein, daß er noch dringende Bauarbeiten zu erledigen hatte, und er empfahl sich eilig.

«Das sieht ihm ähnlich», höhnte David. Im nächsten Augenblick bereute er seinen Vorwitz, denn nun wandte sich Pyecraft an ihn.

«Zeig du's ihnen, David.»

David fragte sich, ob er nicht Neill beim Zementmischen helfen müsse, aber Betty sah ihn so durchdringend an, daß er errötete.

«Okay», sagte er, hob einen Sattel auf und näherte sich dem Hengst. Die Kinder hobbelten das Pferd an und hielten es fest, während David es sattelte. Dann machte es einen großen Satz, und der tapfere David sprang in den Sattel, das heißt, er sprang, aber der Sattel war woanders. Schamröte stieg ihm ins Gesicht. Er knirschte mit den Zähnen. Kreuz und quer jagte er den Gaul über das Spielfeld, packte ihn an der Mähne und schwang sich diesmal in den Sattel. Dort blieb er eine Tausendstelsekunde lang. Er gab aber nicht auf. Sechzehnmal wurde er abgeworfen, aber schließlich blieb er oben. In weiten Sätzen stürmte das Roß durch die Gegend. Es war «erstklassige Sattelarbeit», wie Pyecraft es nannte. Dann fiel das Pferd in einen leichten Trab, und die Zuschauer brachen in wilde Hochrufe aus. Das genügte, daß David sich fast den Hals brach.

David erklärte sich bereit, auch die anderen Pferde zuzureiten, aber sein Angebot wurde erbittert zurückgewiesen. Die Mädchen zeigten sich ebenso erfolgreich und mutig wie die Jungen. Jean gelang es sogar, im Kopfstand auf ungesatteltem Pferd zu reiten. Nur mit Neills Pferd gab es Schwierigkeiten. Neill weigerte sich nämlich, seinen Gaul zuzureiten. Als Grund gab er an, ein Pferd sei ein edles Tier, und es sei ein Verbrechen, ihm einen fremden Willen aufzuzwingen.

«Mit anderen Worten: Du hast Schiß», bemerkte Bunny schonungslos.

Neill lachte trotzig. «Jeder Trottel kann ein Pferd zureiten. So was ist ein Kinderspiel. Gebt mir einen Elefanten oder ein Nashorn, dann werde ich's euch zeigen.»

«Das ist leicht gesagt», meinte David, «wenn man weiß, daß es weit und breit keinen Elefanten und keine Nashörner gibt. Reitest du dein Pferd zu oder nicht?»

«Nein. Ich bin ein zivilisierter Mensch. Wenn ihr Dummköpfe Terrierjagden hoch zu Roß veranstalten wollt, bitte sehr. Ohne mich. Ende.»

«Du wirst wohl zeit deines Lebens ein Feigling bleiben», stellte Michael betrübt fest. «Das muß mit deiner Kindheit zusammenhängen. Wahrscheinlich irgendein Trauma. Du tust uns ja auch leid, aber man muß schon sehr gewichtige Gründe haben, wenn man sich mit einem Schlappschwanz deines Schlages abgibt.»

«Pyecraft ist gewichtig genug für uns beide», sagte Neill.

Eines schönen Morgens bestiegen die Kinder ihre Pferde, die geräuschvoll an den Trensen kauten. Neills Pferd war von Bunny zugeritten worden. Es diente als Packpferd und trug ein Maschinengewehr. Später sollte es auch noch mit den Welpen beladen werden. Das Hunderudel befand sich in der Nähe von Saxmundham. Die Kinder, die mit Revolvern, Schwertern und Knüppeln bewaffnet waren, freuten sich auf die Hundehatz. Sie galoppierten die Einfahrt hinunter und hinterließen eine mächtige Staubwolke.

Kurz vor Saxmundham hörten sie Kläffen und Gebell. Sie ritten durch den Wald und kamen zu einer Lichtung. In der Schneise griff das Rudel gerade einen alten Stier an.

«Drauf und dran», flüsterte Robert. «Während die Hunde mit dem Kampf beschäftigt sind, stoßen wir hinter die feindlichen Linien vor und schnappen uns die Welpen. Mir nach!» Und sie galoppierten los. Alles verlief ganz glatt. Man bückte sich und hob die hilflosen Kleinen auf. Bald hatte jedes Kind zwei Welpen. Doch sie quiekten kläglich, und das Rudel ließ von dem Stier ab und attackierte die Reiter.

«Zurück!» brüllte Michael und ritt voraus. Sie donnerten durch den Wald. Ein Schrei gellte. Der Schäferhund hatte Jean angefallen und zerrte sie aus dem Sattel. Sie wendeten die Pferde und berannten das knurrende Rudel. «Laßt die Klingen springen, Freunde!» röhrte Robert, und sie hieben sich einen Weg zum Kern des Geschehens. Jean blutete aus mehreren Bißwunden, und ein großer Collie hatte sie an der Kehle gepackt. «Zoff!» schrie Gordon und trieb dem Collie sein Schwert durch die Gurgel.

Er hatte so gut getroffen, daß er das Gleichgewicht verlor

«Laßt die Klingen springen, Freunde!» röhrte Robert.

und in den Kreis weitgeöffneter roter Mäuler fiel. Der Schäferhund war sofort über ihm. Gordon rammte ihm die Mündung seines Revolvers in die Schnauze und drückte ab. Der Abzug klemmte.

Es wurde ernst. Hundert Hunde gegen sechs Kinder, von denen zwei inzwischen unberitten waren. Die anderen hatten alle Mühe, sich auf ihren verängstigten, scheuen Pferden zu halten. Die Pferde von Gordon und Jean waren durchgegangen. Die Kinder schossen ihre Magazine leer. Jede Kugel fand ihr Ziel, aber zum Nachladen war keine Zeit. Jetzt konnte man sich nur noch auf die Schwerter verlassen. David köpfte eine riesige Dänische Dogge auf einen Streich. Die Kinder versuchten, einen schützenden Ring um ihre gestürzten Kameraden zu bilden, aber die Hufe der ausschlagenden Pferde gefährdeten sie.

«Absitzen!» schrie Robert und ging mit gutem Beispiel voran. Unsere tapferen Streiter fochten wie die Teufel. Zwischendurch gelang es einigen nachzuladen. Die Schüsse hielten ihnen das Rudel vom Leibe, aber nur für Augenblicke.

«Wenn wir jetzt das Maschinengewehr hätten», seufzte Bunny.

«Es ist auf dem Packpferd», sagte Gordon. Das Packpferd stand zitternd in sicherer Entfernung unter einem Baum. David, der viele Wildwestfilme gesehen hatte, steckte zwei Finger in den Mund und pfiff durchdringend. Das Pferd spitzte die Ohren und beließ es dabei. Die Hunde dagegen schien der Pfiff an alte Zeiten zu erinnern, und sie griffen erneut an. Plötzlich packte Betty Robert am Arm. «Da!» schrie sie und zeigte in den Wald. Neill schwang sich wie Tarzan von Ast zu Ast. Er erreichte das Pferd und schnallte das Maschinengewehr ab.

«Lauft!» brüllte er. Die Kinder schnappten sich Jean und Gordon und nahmen Reißaus. Das Manöver verwirrte die Hunde so sehr, daß sie für einen Moment innehielten. Dieser Moment besiegelte ihr Schicksal. Das Maschinengewehr spie roten Tod, und bald war der Kampf beendet. Auch den Schäferhund hatte es erwischt.

Einerseits also war der Ausflug erfolgreich gewesen, aber andererseits auch wieder nicht. Man hatte nämlich während der Schlacht die Welpen verloren – bis auf zwei. Diese beiden wurden schnell gezähmt, aber sonderbarerweise gelang es ihnen nicht, irgendwelche Haßgefühle gegenüber Ratten zu entwickeln. Im Gegenteil, sie verbrüderten sich mit ihnen und tollten übermütig mit den Nagern herum. Der listenreiche Gordon löste das Problem. Im Werkraum schnitzte er eine hölzerne Ratte. Als Zähne dienten Nägel. Mit dieser Ratte biß er die Hunde. Die Hunde wurden wütend und hörten auf, sich mit den Ratten zu verbrüdern. Bald war das Haus rattenfrei.

Man kann nicht sagen, daß unsere Freunde besonders kriegerisch gewesen seien. Das Leben ging seinen gewohnten Gang, und die Kinder baten Neill, wieder Unterricht zu geben.

Neill und Pyecraft gingen manchmal nach Thorpeness, um Golf zu spielen. Das war nicht ganz einfach, weil überall auf dem Golfplatz hohes Gras wuchs und auf dem feinen Rasen der Ginster wucherte. Da sie aber über so viele Golfbälle verfügten, wie sie wollten, gewöhnten sie sich daran, pro Spiel durchschnittlich sechzig Bälle einzubüßen. Am ersten Loch stand ein versteinerter Golfprofi, und Neill fühlte seinen steinernen Blick so unbehaglich auf sich lasten, daß er den Mann hinter das Klubhaus trug. Dennoch wurde das Golfspielen für Neill nicht zum ungetrübten Vergnügen; am dritten Loch stand nämlich sein alter Freund Watson. Jedesmal, wenn Neill an Watsons Statue vorbeikam, errötete er und guckte woandershin, denn Watson hatte gerade dem Ball mit dem Fuß ein wenig nachgeholfen, als die Wolke ihn überraschte.

Hin und wieder waren die Kinder traurig.

«Heute habe ich Geburtstag», stöhnte Evelyn. «Das ist eben der Mist, wenn man ganz allein auf der Welt ist: niemand schickt einem Geschenke.»

«In den Läden gibt es Millionen von Geschenken», gab Jean zurück.

«Ich weiß.» Evelyn standen die Tränen in den Augen. «Aber das ist was anderes. Außerdem kriegt man überhaupt keine

Post mehr. Es ist furchtbar, ohne Briefe und Telegramme leben zu müssen.»

Das hörte Pyecraft. Am Nachmittag flog er nach London und kam mit mehreren Paketen zurück. Er schlüpfte heimlich ins Postamt und zog sich die Uniformen von drei Briefträgern und einem Telegrammboten über. Dann klopfte er in Summerhill an die Tür. Michael machte auf, und Pyecraft händigte ihm vier große Pakete für Fräulein Evelyn Williams aus. Evelyn meinte, das sei das Netteste, was jemals jemand für sie getan habe.

Eines Abends saßen sie zusammen und unterhielten sich darüber, was sie am meisten entbehrten. Neill sagte, es sei jammervoll, daß er im Werkraum keinen elektrischen Strom habe und seine Drehbänke mit dem Fuß bedienen müsse. Die Jungens lösten das Problem, indem sie einen Daimler-Motor aufstellten. Doch Neill maulte, er müsse den Motor immer erst anwerfen, bevor er anfangen könne. Da drohten die Jungens, sie würden ihm den Motor wieder wegnehmen.

Pyecraft murrte, es gebe keine neuen Bücher, aber die Jungens sahen nicht ein, was daran so schlimm sein sollte. Robert sagte, am meisten fehlten ihm neue Comics, und Pyecraft nahm ihn mit nach London, wo sie sich ein riesiges Bündel Hefte in der Fleet Street besorgten.

Gordon bedauerte, daß aus seiner akademischen Karriere nichts werden würde.

«Gründe deine eigene Universität», schlug Neill vor. «Ich werde bei dir Professor, wenn du willst.»

«Es ist schade», fuhr Gordon unbeirrt fort, «daß keiner von uns Arzt ist. Wenn zum Beispiel Betty eine Blinddarmentzündung kriegt, können wir sie nicht operieren, oder?»

«Ich würde es jedenfalls erst mal versuchen», sagte David. «Ich würde Hammer und Meißel nehmen, einen unserer versteinerten Lehrer aufhacken und nachsehen, wo sich der Blinddarm befindet.»

Die anderen fanden diese Idee gut, und am nächsten Morgen besorgten sie sich Hammer und Meißel und begannen ihr

Anatomiestudium. Robert zerbrach drei gute Meißel am Mathematiklehrer und gab auf. Alle fanden das Studium zu hart, und die anatomischen Experimente wurden abgebrochen.

«Am meisten vermisse ich die Zeitungen», sagte Michael. «Es wäre Klasse, wieder jeden Morgen das Zentralorgan der Kommunistischen Partei Großbritanniens, den guten alten *Daily Worker*, zu haben. Es ist langweilig, wenn man nicht weiß, was auf der Welt passiert.»

«Passiert denn was auf der Welt?» fragte Neill.

«Dabei fällt mir ein», sagte David plötzlich, «was ist eigentlich aus Fritz geworden? Wir haben lange nichts mehr von ihm gehört. Peilen wir ihn doch mal an.»

David betätigte das Funkgerät. Fritz meldete sich und hatte große Sorgen. Die Wölfe waren auf ihrer Nahrungssuche aus den russischen Steppen bis nach Westen vorgedrungen. Fritz konnte kaum mehr vor die Tür, um sich Proviant zu verschaffen, so gefährlich waren sie. Sie streunten durch die Straßen Berlins, und Fritz war ins oberste Stockwerk des Luftfahrtministeriums geflüchtet. Am meisten Kummer bereitete ihm die Ernährungsfrage. Die Kinder sprachen sich einstimmig dafür aus, ihm zu Hilfe zu eilen, und am nächsten Morgen starteten sie mit dem Luftschiff. Sie landeten auf dem Dach des Luftfahrtministeriums und sahen, wie das liebe Gesicht des alten Fritz ihnen durch ein Oberlicht entgegenstrahlte. Er war heilfroh, daß sie gekommen waren. Und als er das Essen sah, das sie mitgebracht hatten, weinte er vor Freude und gab Betty einen Kuß, woraufhin sie rot wurde und ihm sagte, er solle sich benehmen.

Sie wollten ihn überreden, mit nach England zu kommen, aber er weigerte sich beharrlich. Er bat nur darum, daß sie ihn nach Murnau brächten, wo er geboren war. Sie flogen noch am selben Tag los und übernachteten in seinem Elternhaus. Draußen heulten die Wölfe.

«Hier können Sie nicht bleiben», sagte Pyecraft. «Tausende von Wölfen treiben sich hier herum. Wovon wollen Sie leben? Kommen Sie lieber mit nach England.» Aber Fritz war zu patriotisch veranlagt und wollte sein geliebtes Deutschland nicht verlassen. Michael wußte einen Ausweg.

«Wir bauen eine große Stadtmauer, die für die Wölfe zu hoch ist. Dann können Sie ungestört Gemüse anbauen und sich ein paar Hühner und Schweine halten.»

Fritz lächelte dankbar, meinte aber, man könne den Plan nicht mit so wenigen Arbeitern ausführen.

«Vielleicht sind wir wirklich nicht genügend Leute für eine Mauer. Aber wir können mit den großen Baggern, die vor der Stadt abgestellt sind, einen tiefen Graben ausheben.» Und damit begannen sie auch am nächsten Morgen.

Es dauerte einen ganzen Monat, bis der Graben fertig war. Er war acht Meter tief und vier Meter breit. Ziemlich undenkbar, daß ein Tier ihn überspringen konnte.

«Die einzige Gefahr, die jetzt noch besteht, ist, daß der Graben bei Regen einstürzt», sagte Neill. «Oder der Regen füllt ihn mit Wasser, und die Wölfe schwimmen herüber. Oder das Wasser gefriert im Winter, und die Wölfe kommen übers Eis.»

Die Kinder überlegten und mußten Neill recht geben. Sie hatten wohl den Mund etwas zu voll genommen und waren die Sache leid. Robert schlug Fritz vor, er solle einen elektrisch geladenen Draht durch den Graben ziehen. In der Nähe war ein Kraftwerk, das von einem reißenden Fluß gespeist wurde. Fritz meinte, das könne er allein schaffen. Die Kinder hatten das Gefühl, sich der Angelegenheit mit Anstand entledigt zu haben, und brachen am nächsten Tag auf. Fritz, der Kaiser von Murnau, stand in seines Reiches Mitten und winkte ihnen.

«Ein netter Kerl», sagte David. «Trotzdem wäre mir wohler, wenn er tot wäre. Wir werden bis ans Ende unserer Tage zu ihm fliegen müssen, um ihn vor den Wölfen zu retten.»

«Wie ich den Mann kenne, kann er ohne fremde Hilfe nicht mal Kartoffeln pflanzen», ergänzte Bunny.

«Folgendes», sagte Betty unvermittelt. «Wir sollten noch nicht nach Summerhill zurück. Benzin gibt es überall. Warum fahren wir nicht um die Welt und sehen nach, ob noch andere Leute am Leben sind?»

«Das fehlte noch», grollte David. «Was meinst du, Neill?»

«Nun», räusperte sich Neill, «da bin ich anderer Meinung. Diese Reisegesellschaft beginnt mir ein wenig auf den Wecker zu fallen. Immer dieselben Gesichter, immer dieselben einfältigen Sprüche. Mir fehlt jemand, mit dem ich mich über Psychologie oder Ökonomie oder meinetwegen Golf unterhalten kann.»

«Du hast doch Pyecraft», tröstete Gordon.

Neill sah Pyecraft an. Pyecraft schlief mit offenem Mund.

«Das ist zweifellos richtig», sagte Neill. «Aber mit einem Menschen, der pro Tag durchschnittlich nicht länger als eine halbe Stunde lang wach ist, läßt sich nur schwer eine ergiebige Konversation führen. Außerdem ist Pyecraft ein schmieriger Kapitalist, wohingegen ich überzeugter Sozialist bin.»

«Was für einen Sinn hat es», erkundigte sich Michael, «sich jetzt über Sachen wie Kapitalismus und Kommunismus zu unterhalten? Der sowjetische Fünfjahresplan und Hitlers Vierjahresplan dürften als gescheitert angesehen werden. Was bleibt, sind ein paar Millionen Steindeppen. Und Europa wird von Wölfen regiert.»

«Vielleicht war das schon vorher so», orakelte Neill. «Vielleicht sollten wir uns einen eigenen Fünfjahresplan zulegen.»

«Warum nicht gleich einen Tausendjahresplan?» fragte Evelyn spöttisch. «Wir brauchen keinen Plan. Wir haben doch alles – Essen, Kleidung, Spielsachen, Waffen.»

«Das stimmt zwar», räumte Robert ein, «aber wird es auch noch stimmen, wenn wir erwachsen sind? Wenn Neill und Pyecraft an Altersschwäche eingegangen sind? Dann sind die Kleider nur noch Fetzen, die Möbel wurmstichig, und wenn wir nicht selbst Nahrung produzieren, verhungern wir. Allmählich bezweifle ich, daß dieses Leben ein reines Zuckerschlecken sein wird. Zum Beispiel technische Sachen: Keiner von uns kann Kleider nähen, Glas blasen oder irgendwas aus Stahl anfertigen. Wir wissen noch nicht einmal, wie man Seife macht.»

«Das», befand David mit Entschiedenheit, «das macht nichts.»

«Natürlich nicht», sagte Robert schnell. «Ich gebe zu, Seife war ein schlechtes Beispiel. Aber denk an alles andere! Wer von uns kann eine Glühbirne machen? Oder eine Batterie? Oder Zylinder für einen Motor gießen?»

«Kurz», faßte Neill zusammen, «wir hätten eigentlich gar nicht überleben dürfen. Wir sind ein Haufen unwissender, nutzloser Geschöpfe, die nicht genug wissen, um eine neue Zivilisation schaffen zu können.»

«Wir können technische Bücher studieren», meinte Gordon.

«Das genügt nicht», widersprach Michael. «Wir brauchen jede Menge Leute. Ich könnte wahrscheinlich alles über den Bau von Autos nachlesen, aber um ein Auto zu bauen, braucht man tausend Leute, die Kohle schürfen, die Metall schmelzen, formen und zusammenbauen. Ohne Menschen geht es nicht.»

«Na bitte», frohlockte Betty. «Das spricht doch alles für meinen Plan. Wir fliegen um die Welt. Vielleicht finden wir Neger, die ganz hoch im Gebirge leben, höher, als die grüne Wolke war.»

«Und die versklaven wir dann», freute sich Jean. «Oder wir fangen Affen und bringen ihnen bei, wie man Kohle und Eisenerz fördert. Neill als Tarzan der Affenmensch. Hihihi.»

«Hurra, wir fliegen um die Welt!» jubelte Bunny.

Pyecraft wachte auf und meinte, er habe nichts dagegen; über Indien könne er mindestens so gut schlafen wie über England. Man drehte den Bug des Luftschiffs nach Süden, und landete kurz in Paris, um aufzutanken. Über die Alpen flogen sie in Bodennähe, um sehen zu können, ob vielleicht ein Hütejunge oder Gemsenjäger die Wolke überlebt hatte, aber nirgends bewegte sich etwas. Dann flogen sie nach Moskau und sahen, daß die Wolke während eines großen Aufmarschs der Roten Armee auf dem Roten Platz zugeschlagen hatte. Stalin stand grüßend auf der Tribüne, und unter ihm stand eine Million Männer in versteinertem Stechschritt. Robert wollte landen und ihnen einen Schubs geben, um eine Million Männer übereinanderpurzeln zu sehen. Michael, der Kommunist, nannte diesen Vorschlag eine grobe Geschmacklosigkeit.

Sie überquerten den Ural und flogen über Sibirien nach Japan. Nirgendwo ein Zeichen von Leben. China war ein einziger Steinhaufen. Indien bestand aus dreihundert Millionen dunkelhäutiger Statuen. Sie flogen nach Südafrika und fanden auch hier kein menschliches Leben vor. Die Tiere waren aus dem Krüger-Nationalpark ausgebrochen, und Löwen strichen durch die Straßen Pretorias. In Johannesburg landeten sie vor einer großen Goldmine. Jean wollte ein paar Goldbarren mitnehmen, aber die anderen höhnten, Gold sei höchstens zum Füllen hohler Zähne zu gebrauchen.

«Ich habe einen hohlen Zahn, der mir manchmal zu schaffen macht», sagte David. «Ohne Zahnarzt werden wir mit unseren Zähnen nichts wie Ärger haben.»

Neill meinte, er habe den Zahnärzten oft zugesehen, und die Arbeit sei bestimmt kinderleicht. Wenn David also nichts dagegen habe, würde man eine Zahnarztpraxis aufsuchen und er, Neill, würde Davids Zahn mit purem Gold füllen. David ging nur mäßig begeistert auf diesen Vorschlag ein. Sie fanden eine Zahnarztpraxis und saßen neugierig herum. David klammerte sich an die Armlehnen des Zahnarztstuhls. Neill untersuchte die verschiedenen Werkzeuge.

«Zunächst muß man, wenn ich mich recht erinnere, den Zahn mit einer Maschine behandeln, die brrrrrrr macht.»

«Meinst du wirklich?» zitterte David. «Ich glaube, du irrst.» Aber die anderen waren auf Neills Seite, und Pyecraft gab ihm den Bohrer. Nachdem Gordon und Robert David auf der Straße wieder eingefangen und zurückgeschleppt hatten, schritt Neill zur Operation. David wollte etwas sagen, aber Neill hielt ihm mit starker Hand den Mund offen, und Davids Kehle entrang sich nur ein verzweifeltes Grrrr. Dann hatte Neill ausgebohrt, und David konnte sagen, was er hatte sagen wollen, nämlich daß Neill den falschen Zahn erwischt habe.

«Tut mir leid», sagte Neill liebenswürdig. «Aber das werden wir gleich haben.» Diesmal war David schneller. An der Straßenecke waren mehrere Löwen, und in deren Mitte fühlte er sich sicher. Nur mit Mühe konnte er dazu überredet werden, seine gefräßigen Beschützer zu verlassen. Wenn David später mal über Zahnschmerzen klagte, pflegte Neill eine mächtige Beißzange aus der Tasche zu ziehen, und der Schmerz ließ auf der Stelle nach.

Sie flogen zu den Diamantenfeldern von Kimberley, und die Mädchen sackten Diamanten im Werte von etwa zwanzig Millionen Shilling ein.

«Ganz schön behämmert», stellte Robert fest. «Wozu sollen Diamanten gut sein? Ihr könnt sie euch umhängen, aber niemand sieht, daß ihr sie tragt – außer uns, und wir werden euch bestimmt nicht bewundern, weil ihr mit teuren Klunkern protzen könnt. Frauen sind die geborenen Kapitalisten; nicht mal jetzt legen sie ihre spezifisch bourgeoisen Wertmaßstäbe ab.»

«Ein interessantes Phänomen», schaltete sich Neill ein. «Jetzt seht ihr ein, daß Diamanten und Gold nichts wert sind. Alles Gold in Südafrika nützt uns nichts, weil wir uns nichts mehr dafür kaufen können. Die *‹Politische Ökonomie›* lehrt, daß der Mehrwert ...»

«Nein!» unterbrach Michael. «Wir wollen nichts über Werte hören. Die einzigen Werte, für die ich mich im Augenblick interessiere, sind Nährwerte. Dort unten ist eine Zitrusfarm. Ich beantrage, zu landen und den Nährwert von Apfelsinen zu studieren.» Dem Antrag wurde stattgegeben.

Dann flogen sie direkt nach Norden, vom Kap der Guten Hoffnung nach Kairo. Nirgends eine Spur menschlichen Lebens.

«Wir sind wirklich die letzten Menschen», freute sich Evelyn.

«Und was ist mit Südamerika?» gab Pyecraft zu bedenken. «Die Anden sind sehr hoch. Versuchen wir's da mal.»

Und richtig: Auf dem höchsten Gipfel der Anden fanden sie vier lebendige Männer. Es waren Amerikaner, und Pyecraft kannte sie von Zeitungsfotos. Sie waren die letzten Überlebenden der Pirrolo-Bande aus Chicago. Sie waren nach Südamerika entkommen, nachdem sie die Zentralbank überfallen hatten: vier Kassierer und fünf Kriminalpolizisten hatten dran glauben müssen.

Killer waren sie, und so sahen sie auch aus. Pirrolo war italienischer Abstammung, ein dunkler, gutaussehender Mittdreißiger von vollendeten Umgangsformen. Seine drei Gefährten waren echte amerikanische Gangstertypen.

Die Luftschiffer bemerkten sie erst, als eine Revolverkugel den Propeller traf. Pyecraft sah die Gangster zuerst. Er sprach zu ihnen durch die Flüstertüte und berichtete von der Wolke und daß alle Menschen tot seien.

«Auch die Kriminaler?» rief Pirrolo.

«Natürlich. Warum fragen Sie?»

Pirrolo meinte dazu, er kaufe ihm den Schmus nicht ab; er lasse sich nicht klippen; die ganze Mühle wimmele von Kriminalern; wenn die Mühle zu landen versuche, würde er jeden, der es wagen sollte, ihn zu nageln, ohne Umstände ausknipsen.

Man beriet sich.

«Ich finde, wir sollten abhauen», schlug Betty vor. «Wenn das wirklich Gangster sind, bringen sie uns alle um.»

Die Jungens waren dagegen.

«Was?!» schrie Michael. «Eine solche Chance sollen wir verpassen? Du tickst wohl nicht mehr richtig, Betty. Nur schade, daß es nicht ein ganzes Dutzend Gangster sind.»

«Das ist ja alles gut und schön», räumte Neill ein, «aber ein paar von uns sind aus dem Gangsteralter heraus. Wir finden nicht, daß unsere neue Welt durch ein paar Killer aus Chicago eine wesentliche Bereicherung erfahren würde, nicht wahr, Pyecraft?»

Pyecraft fand es auch nicht.

«Aber, Neill!» rief David. «Du kannst sie doch alle psychoanalysieren und anständige Menschen aus ihnen machen.»

«Wenn es mir noch nicht einmal gelungen ist», sagte Neill traurig, «aus euch anständige Menschen zu machen, wie kann ich dann einen Haufen viel älterer Schurken ummodeln?»

Die Jungens wollten sich offensichtlich mit den Gangstern anlegen. Robert ergriff die Flüstertüte: «Hört mal, ihr Strolche! Wir sind koscher. Wir haben noch nie einen belinkt. Wir sind keine Polypen, und die Wolkenseibel ist auch keine linke

Annonce. Laßt das Hemd an, bis wir beschäumt haben. Gleich kommen die Klötze.»

«Was in aller Welt hat das alles zu bedeuten?» stöhnte Neill.

«Das bedeutet», versetzte Robert herablassend, «daß ich meine Krimis mit Gewinn gelesen habe. Die Burschen haben mich verstanden, verlaß dich drauf.» Die Burschen schienen ihn wirklich verstanden zu haben, denn sie nickten zustimmend.

«Übersetzen Sie bitte», sagte Neill zu Pyecraft.

«Robert meinte, er würde die Geschichte mit der Wolke beweisen, indem er ihnen ein paar der Statuen zeigt. Stimmt's?»

Robert erklärte, sie müßten zur nächsten menschlichen Ansiedlung fliegen, einige versteinerte Menschen herbringen und sie mit einem Seil zu den Gangstern hinablassen. So geschah es, aber die Gangster blieben mißtrauisch. David riet ihnen, in ein Dorf oder in eine Stadt zu gehen und sich mit eigenen Augen von der Richtigkeit der Wolkenseibel zu überzeugen. Die Gangster folgten seinem Rat und waren schließlich beruhigt. Pyecraft landete, und man machte sich bekannt. Pirrolo stellte seine drei Gefolgsleute vor: Zwei-Kanonen-Steve, Faro Sargnagel und Arizona-Alf. Die Männer nickten, ohne die Hände aus den Jackentaschen zu nehmen. Den Jungens war klar, daß jede einzelne Hand den Griff eines Revolvers umklammerte.

«Entschuldigen Sie bitte meine Unkenntnis Ihrer Sprache», sagte Neill, «aber Sie können Ihre Revolvergriffe ruhig loslassen. Wir sind, wie mein Kollege Robert bereits ausführte, koscher, und zum Argwohn ist nicht der mindeste Grund vorhanden.»

Die Gangster hatten diese Rede offenbar nicht verstanden, und David übersetzte: «Wir stehen nicht auf Fiedel. Wir hummeln nicht in euerm Laden. Fatzt den Ballermann.» Die Gangster grinsten und nahmen langsam die Hände aus den Taschen.

Die Mädchen machten Mittagessen, und man ließ sich zum Picknick ins Gras sinken. Betty bemerkte, daß Pirrolos Tischsitten vorbildlich waren, während seine Männer aßen wie das liebe Vieh.

«Ich glaube, es war nicht schlecht, daß ihr gekommen seid», sagte Pirrolo, erhob sich langsam und versetzte Sargnagel einen linken Haken auf die Kinnbacke. Sargnagel fiel um und rührte sich nicht mehr.

«Kneiste auf die schuppigen Steinchen, die die kleine Pietze trägt», erläuterte Pirrolo. «Ich hab's nicht gern, wenn meine Mitarbeiter bei Freunden absahnen wollen, besonders wenn es sich um so hübsche, kleine Pfannen handelt.» Pirrolo deutete eine knappe Verbeugung an, und Evelyn errötete anmutig. Sargnagel wachte auf und aß verdrießlich weiter.

Gordon fragte Pirrolo nach seinen Plänen. «Ich würde gern nach Chicago zurück. Verabredung mit Big Boss Simms.»

«Wer ist das?»

«Hat mich bei der Zentralbank-Sache verladen», sagte er dunkel.

«Aber was nützt eine Verklopfe bei einem Versteinerten?»

Pirrolos Kinnlade sackte herab, und er starrte Gordon an. «Ist der etwa auch versteinert? Welchen Sinn hat das Leben, wenn man niemanden mehr umpusten kann?»

«Müssen Sie denn immer jemanden umpusten?» erkundigte sich Betty.

Pirrolo sah sie nachdenklich an. «Es ist mir zur lieben Gewohnheit geworden, Schwester. Wie soll ich mich je an eine Welt gewöhnen, in der es nur steinerne Kunden gibt? 957 Männer habe ich bisher umgepustet, und es war immer mein Ziel, die Tausender-Marke zu erreichen.» Er verstummte mit einem kleinen Schluchzen und beobachtete unendlich traurig, wie ein Würstchen in Arizona-Alfs Schlund verschwand. Betty hatte Mitleid mit ihm. Er war zweifellos ein gutaussehender Schurke.

«Warum», fragte Bunny, «werden Sie Zwei-Kanonen-Steve genannt?»

Steve grinste breit. «Ich zeig's dir. Alf, sei so gut und schmeiß eine Wurst gen Himmel.»

Widerstrebend klaubte Alf die kleinste Wurst vom Teller und warf sie in die Luft. Blitzartig zog Steve seine beiden Eisen und atomisierte die Wurst.

«Steve war der beste Schütze Amerikas», kommentierte Pirrolo. «Jetzt mal den Drei-Eier-Trick, Steve.»

Pirrolo, Alf und Sargnagel nahmen sich je ein Ei, Steve gab ihnen ein Zeichen, und sie warfen die Eier gleichzeitig in die Luft. Steve traf sie alle drei zweihändig.

«Nicht übel», gestand David. «Aber können Sie das auch hintenrum mit Spiegel?»

«Wie?» fragte Steve.

«Folgendermaßen. Robert und Bunny, ihr schmeißt je zwei Eier in die Luft; Jean, du leihst mir deinen kleinen Taschenspiegel. Ich kann natürlich nicht gleichzeitig zwei Revolver und einen Spiegel bedienen, aber vielleicht ist Neill so freundlich, mir den Spiegel zu halten ... gut. Achtung! Eier frei!»

Vier Eier zerplatzten unter Davids erbarmungslosen Kugeln, und er wischte sich gelassen etwas Eigelb aus dem linken Auge. David tat, als bemerke er die verdutzten Gesichter der Gangster nicht. «Ich bin leider nicht in Hochform», sagte er bescheiden, «aber wenn ich mehr übe, schaffe ich vielleicht auch noch Roberts sechs Eier.»

«Sechs Eier!» keuchte Steve. «Ausgeschlossen.»

Da zeigte Robert ihm, daß es sogar mit *einem* Schießeisen ging, und Pirrolo klatschte Beifall und sagte, er habe noch nie so gute Kanonenarbeit gesehen. «Ihr Mattenfürsten habt noch einiges zu lernen», fügte er, sich an seine Männer wendend, hinzu. Die Männer blickten finster, und die Kinder sahen, daß sie neidisch waren.

«Und was ist mit den Pfannen?» fragte Pirrolo höflich. «Können die mit einem Ballermann umgehen?»

«Toll sind wir nicht gerade», sagte Evelyn. «Ich schaffe nur zwei Eier, aber Betty schafft drei – aus dem Kopfstand.»

«Eier sind Eier», knurrte Sargnagel. «Wichtig ist, wie schnell man zieht.»

«Ganz meine Meinung», gab Gordon zu. «Aber das zeigt sich erst, wenn's aufs Umlegen ankommt. Es sei denn, wir hätten jede Menge Uhren – Stoppuhren, die genau die Zeit anzeigen, zu der sie getroffen wurden.»

«Die Kugel würde Zifferblatt und Zeiger zerstören», wandte Neill ein.

«Nein», sagte Gordon. «Nicht, wenn man von der Seite auf die Uhren zielt. Dann bleiben Zifferblatt und Zeiger heil, und nur die Zahnräder gehen kaputt.»

«Klasse, wir geben ihnen einen vor den Zahn», nickte Arizona-Alf.

Diese Methode schien die vernünftigste zu sein, und Gordon flog in eine nahe gelegene Stadt. Er kam mit Dutzenden von Stoppuhren zurück. Sie stellten die Stoppuhren parallel in einer Reihe auf. Dann wurden sie alle gleichzeitig aufgezogen. Auf einen Gongschlag von Pyecraft sollten alle ziehen und schießen. Die Wettkämpfer nahmen ihre Plätze ein. Die Kinder wirkten nervös.

Neill verkündete die Wettkampfbedingungen: «Die Pistolen müssen in der Pistolentasche sein. Die Arme sind vor der Brust zu verschränken. Fertig?»

Pyecraft schlug auf den Gong, und die Waffen sprachen.

Hier die Resultate:

1. David (Gold)
2. Robert (Silber)
3. Betty (Bronze)
4. Gordon
5. Bunny (der einiges dazugelernt hatte)
6. Michael
7. Jean
8. Evelyn
9. Zwei-Kanonen-Steve
10. Arizona-Alf
11. Faro Sargnagel

Neill und Pirrolo hatten nicht teilgenommen. Pirrolos Männer waren ausgesprochen bekümmert und verbittert über den Ausgang des Wettschießens.

«Ihr macht doch Pudding, wenn ihr Uhren umpustet»,

schnaubte Zwei-Kanonen-Steve böse. «Eine Uhr schießt nie zurück. Wenn du aber am Mann bist, und der hat 'ne Spritze, dann hilft kein Kobern mehr.» Er wandte sich an Gordon: «Wie wär's mit uns beiden?»

«Zweimal, wenn du willst», sagte Gordon leichthin, aber die anderen traten dazwischen und meinten, es sei dumm, sich gegenseitig abzuknallen, wenn nur noch so wenige Leute auf der Welt übrig seien.

«Wer würde Steve schon nachtrauern?» fragte Gordon, und hätte Pirrolo Steves Revolver nicht nach oben geschlagen, wer weiß . . . es hätte jedenfalls eine Leiche gegeben. Pyecraft überredete die Rivalen dazu, sich die Hand zu geben. Nach dieser sportlichen Geste beschloß man, am nächsten Tag nach Chicago zu fliegen. Und . . .
FORTSETZUNG FOLGT

Kommentar

«Das Wettschießen war gut», sagte Michael. «Aber daß David den ersten Preis gemacht hat, finde ich nicht fair.»

«Einer gewinnt immer», entgegnete ich. «Übrigens hattest du nichts dagegen, daß ebenjenem David ein Zahn ausgebohrt wurde.»

«Das», sagte Jean, «war lustig. Aber warum läßt du immer so unwahrscheinliche Sachen passieren?»

«Was für unwahrscheinliche Sachen?»

«Na, als wir zum Beispiel die Hunde jagten: Zuerst sagtest du, wir wären auf Pferden geritten, während du zu Hause bliebst. Und dann plötzlich warst du da und schwangst dich wie Tarzan von Ast zu Ast und hast uns gerettet.»

«Warum nicht?»

«Weil Saxmundham fast fünfzehn Kilometer weit weg ist, und ohne Pferd konntest du niemals rechtzeitig ankommen.»

«Stimmt», sagte Gordon. «Das war sehr unwahrscheinlich.»

«Ich bin natürlich mit dem Motorrad gefahren», erklärte ich.

«Aber du sagtest, die Straßen seien mit Autos blockiert gewesen.»

«Richtig. Aber wo ein Pferd durchkommt, kommt ein Motorrad allemal durch.»

«Wir wären auch ohne dich mit den Hunden fertig geworden», murrte Evelyn. «Außerdem: Wie konnten wir in nur einem Monat einen Graben um eine deutsche Stadt ausheben?»

«Pyecraft, Fritz und ich haben Überstunden gemacht.»

«Aber du sagtest doch, daß Pyecraft immer schläft.»

«Jetzt hast du ihn, Evelyn», lobte Jean.

«Die meisten Firmen», erklärte ich, «haben auch stille Teilhaber. Und euer Fehler ist, daß ihr zu kritisch seid.»

«Du hättest die Gangster nicht ins Spiel bringen sollen», sagte Evelyn. «Vielleicht bringen die uns noch alle um.»

«Würde mich nicht wundern», sagte ich.

«Ich bin froh, daß du sie ins Spiel gebracht hast. Eine Geschichte, in der keine Revolver und keine Maschinengewehre vorkommen, macht keinen Spaß. Du solltest vielleicht dafür sorgen, daß sie uns das Luftschiff stehlen.»

«Das», ereiferte sich Michael, «wäre das Schärfste. Aber dann erobern wir es natürlich zurück und pusten sie alle um.»

«Außer Pirrolo», warf Betty ein. «Er ist nett und würde es nie zulassen, daß sie uns das Luftschiff stehlen.»

«Er sieht zwar möglicherweise nett aus», sagte Jean, «aber wenn jemand fast tausend Menschen umgepustet hat, so spricht das nicht gerade für seine Nettigkeit. Was meinst du, Neill?»

«Es heißt, Napoleon sei ein sehr netter Gesprächspartner gewesen», antwortete ich. «Und der hat aber weit mehr als tausend Menschen umgepustet.»

«Ist das Geschichte oder Psychologie?» fragte David mißtrauisch.

«Beides», sagte ich. «Ich weiß, daß ihr euch nichts sehnlicher wünscht als die große Abrechnung mit den Gangstern. Ferner ist mir klar, daß David und Konsorten keinen anderen Ehrgeiz haben, als mit Steve und Konsorten Schlitten zu fahren. Genau besehen bist du keinen Deut besser als Pirrolo.»

«Wir werden sie umlegen müssen», meinte Bunny nachdenklich. «Vor diesem Steve habe ich direkt Angst. Pfui Deibel! Allein schon die Vorstellung, daß er sich für einen so famosen Schützen hält! So gut war er doch gar nicht, was, Michael?»

«Warum hast du eigentlich nicht am Wettschießen teilgenommen, Neill?» fragte Michael.

«Ich bin ein solcher Meisterschütze, daß ich mein Können nicht mehr unter Beweis zu stellen brauche», sagte ich und erntete höhnisches Gelächter.

«Du könntest ein Haus nicht aus ein Meter Entfernung mit einer abgesägten Schrotflinte treffen», spottete Jean.

«Vielleicht werden meine Schießkünste euch eines Tages das Leben retten, wie es bei den Hunden der Fall war.» Dies sagte ich so würdig wie möglich, aber die Kinder lachten noch lauter. Ich lächelte finster. «Abwarten. Ihr werdet euren Hochmut noch bereuen.»

«Aber dafür, daß ich das Weiße Rössel abgebrannt habe, hast du dich immer noch nicht gerächt», sagte Betty.

«Abwarten», sagte ich geduldig, «und Tee trinken.»

Sechstes Kapitel

Sie flogen nach Chicago, Pyecrafts Vaterstadt, und zogen in seine Villa in einem vornehmen Vorort. Sie luden die Gangster ein, bei ihnen zu wohnen; aber das Angebot wurde dankend abgelehnt. Die Gangster entschuldigten sich mit dem Hinweis auf eine unaufschiebbare Kneipentour. Nur Pirrolo nahm eine Einladung zum Abendessen für den nächsten Tag an. Die Mädchen kochten und machten ihre Sache sehr gut, wenn man bedenkt, daß ihnen nur Büchsenfleisch und Ölsardinen zur Verfügung standen. Glücklicherweise war Pyecrafts Weinkeller besser sortiert.

Pirrolo erschien im eleganten Smoking. Neill borgte sich einen von Pyecraft, und mit Hilfe von vier Kissen gelang es ihm, den Anzug einigermaßen auszufüllen.

Pirrolo war gedrückter Stimmung, und als der Mokka gereicht wurde, erkundigte sich Bunny, wo ihn der Schuh drücke.

«Ach, das Leben hat für mich seinen Sinn verloren. Heute morgen waren wir bei Big Boss Simms und ballerten ein bißchen herum. Und was hat man davon? Granitsplitter im Auge. Der arme Zwei-Kanonen-Steve brach zusammen und heulte jämmerlich bei dem Gedanken, daß er nie wieder in seinem Beruf tätig sein kann. Du mußt zugeben, daß es für einen Mann, der durchschnittlich einen Mitbürger pro Tag umgepustet hat, unerträglich ist, nur noch von totem Gestein umgeben zu sein. Wenn uns wenigstens eine einzige feindliche Bande geblieben wäre! Es ist grauenhaft. Da kommt so eine verdammte Wolke angesegelt und bringt einen schwer arbeitenden Mann um seinen ehrlichen Lebensunterhalt.»

Robert hüstelte höflich. «Ich mache Ihnen einen Vorschlag. Sie sind eine Bande, und wir sind eine Bande. Wir können uns verkrachen und die Sache ausschießen.»

«Robert», sagte Neill hastig, «macht faule Witze. Der Sinn steht uns nicht nach Schießereien.»

«Augenblick mal», murrte Michael. «Das ist vielleicht deine Meinung. Aber ein bißchen Geknalle würde wenigstens etwas Leben in diese stinklangweilige Stein-Zeit bringen. Was meinst du, David?»

«Ich bin dabei. Aber wie willst du einen Bandenkrieg vom Zaun brechen, wenn es nichts gibt, um das es sich zu kämpfen lohnt: Fuselhöhlen, Spielhöllen, Schmiergelder und so weiter. Das hat alles seinen Reiz verloren, seitdem man soviel davon kriegen kann, wie man will.» Er verstummte und blickte mit plötzlich erwachendem Interesse auf Evelyn. «Es sei denn», sagte er dann, «ihr entführt eins unserer Weiber.»

«Ich komm zuerst dran!» schrie Evelyn. «Ich will Gangsterbraut werden.»

«Eigentlich haben wir unsere lieben Gäste ja immer gefoltert.» Wehmütig hing Pirrolo alten Erinnerungen nach.

«Oh», sagte Evelyn kühl. «Das ist was andres. Was waren das für Foltern?»

Pirrolo lachte aufgeräumt. «Recht lustig ist es, den Gast an eine Kreissäge zu fesseln, aber unser interessantester Fall war Susie Woggs, die Tochter von Midas K. Woggs, dem Pappkartonkönig. Nettes Mädchen. Konnte unheimlich was ab. Die Kreissäge entlockte ihr nur ein Lächeln, da haben wir die Schlangen-Nummer abgezogen.»

«Die was?» hauchte Evelyn.

«Wir hatten eine Wippe, und Susie wurde auf einen der beiden Sitze gefesselt. Auf dem anderen Sitz war ein Sandsack, etwas schwerer als Susie. Dann schossen wir ein Loch in den Sack, der Sand lief langsam heraus, und Susie senkte sich natürlich allmählich.»

«Ich sehe nicht ein, wieso das eine Folter sein soll», maulte Betty.

«Mein Fehler», entschuldigte sich Pirrolo höflich. «Ich vergaß zu erwähnen, daß ein Bündel Giftschlangen unter Susies Sitz wartete. Tja, sie war das tapferste Mädchen, dem wir je eins vor den Zahn gegeben haben.» Er schüttelte melancholisch den Kopf. «Und», fügte er hitzig hinzu, «alles, was wir wollten, war eine lumpige Million Dollar Lösegeld. Zu denken, daß ein Vater eine solche Tochter für ein paar Riesen im Stich läßt! So was macht mich rasend.»

«Ich bin nicht mehr so sicher, daß ich entführt werden möchte», stellte Evelyn fest. «Wäre es nicht ein viel besserer Grund für einen Bandenkrieg, wenn ihr das Luftschiff klaut?»

«Das haben wir heute morgen schon gemacht», sagte Pirrolo leichthin und steckte sich eine neue Zigarre an. Robert war aufgesprungen.

«Lassen Sie die Pfoten auf dem Tisch, Pirrolo!» sagte er drohend. «Mauern Sie, oder haben Sie wirklich die Schiffschaukel abgefischt?»

«Alf hat sie heut morgen geklemmt. Ich habe keinen Ballermann dabei. Ich bin nie bewaffnet, wenn ich bei Freunden speise.» Er grinste häßlich.

«Durchsucht ihn!» schnappte Robert. Gordon und Bunny durchsuchten ihn und stellten drei Pistolen sicher. «So», fuhr Robert fort, «fang an zu sabbeln, du schräger Singvogel.»

Pirrolo erbleichte.

«Singvogel!» japste er. «Singvogel! Das mir! Ich ein schräger Singvogel? Ich, Pirrolo, ein Singvogel! Dieser Schimpf kann nur mit Blut abgewaschen werden!»

Mit einer blitzschnellen Bewegung holte er aus, warf seinen Stuhl gegen die Deckenlampe und sprang aus dem Fenster.

«Das», sagte Neill, «ging zu weit. Robert, du bist ein Arschloch. Mußtest du ihn einen Singvogel nennen? Was ist überhaupt ein Singvogel?»

«Keine Ahnung», gab Robert ungerührt zurück. «Ich hab das Wort in einem amerikanischen Krimi gelesen.»

«Ein Singvogel», erläuterte Pyecraft, «ist ein mieser Spitzel, der ungebeten Gespräche mitanhört und über ihren Inhalt bei der Polizei ‹singt›. Einen Mann wie Pirrolo einen Singvogel zu nennen, das ist, als würde man ... als würde man bei einem Bankett zum Ehrengast ‹Herr Ober› sagen. Wie Pirrolo ganz richtig verlauten ließ: Ein solcher Schimpf kann nur mit Blut abgewaschen werden. An deiner Stelle, mein lieber Robert, würde ich mich irgendwo verstecken oder mir eine Kugel durch den Kopf jagen.»

«Einspruch», stöhnte Robert ungehalten. «Ihr wolltet einen Bandenkrieg. Ich habe euch einen erstklassigen verschafft, und jetzt soll ich wieder schuld sein.»

«Siehst du Schwachkopf denn immer noch nicht ein», ereiferte sich Neill, «daß dies kein Bandenkrieg ist? Sie haben das Luftschiff geklaut, und jetzt können sie uns jederzeit in ganz kleine Stücke bombardieren. Und wenn sie es kaputtmachen? Wie kommen wir dann zurück nach England?»

«Wir schwimmen», versetzte Robert ungnädig. «Mach dir wegen des Luftschiffs keine Sorgen. Wir Jungens werden diesen Bandenkrieg führen, und wir werden ihn gewinnen, verlaß dich drauf. Ein solcher Krieg erfordert gründliche Planung. Wir sind ihnen geistig überlegen.»

«Ja», sagte Neill trocken. «Aber geistig überlegene Menschen werden sich aus diesem Krieg heraushalten.»

«Wieso?» wunderte sich David. «Ich mache doch mit.» Alle lachten.

«Mir scheint», meinte Betty, «daß uns unsere Londoner Bürgerkriegserfahrungen hier gut zustatten kommen werden. Ich denke da an den Einsatz der Steinmenschen. Aber vergeßt nicht, daß auch Pirrolo Grips hat. Ich frage mich, wie er den Krieg beginnen wird.»

Am nächsten Morgen bekamen sie einen kleinen Vorgeschmack von Pirrolos Taktik. Vier Autos mit verhängten Fenstern fuhren in rasender Fahrt bei der Villa vor. An der Einfahrt hielten sie, und aus jedem Wagen wurden sechs versteinerte Menschen geworfen. Dann ratterte aus jedem Auto eine Maschinengewehrgarbe, und die Statuen wurden zu Schotter verarbeitet.

«Was soll das?» fragte Gordon.

«Sie fahren mit Statuen Schlitten, um uns mürbe zu machen», vermutete David.

«Oder sie üben», warf Jean mit bebender Stimme ein.

«Stümper!» Robert rümpfte die Nase. «Wenn die glauben,

«Ich ein schräger Singvogel? Dieser Schimpf kann nur mit Blut abgewaschen werden!»

sie können uns mit diesen Methoden einschüchtern, haben sie sich ganz schön geschnitten. Geben Sie mal den Stadtplan rüber, Pyecraft. Kommt, liebe Freunde, unser Feldzug beginnt. Da befindet sich Pirrolos Hauptquartier. Gegenüber ist eine Brauerei.»

«Brauerei?» Neill wachte auf.

Robert überging diese Unterbrechung und fuhr fort: «Diese Brauerei machen wir zu unserem Hauptquartier.»

«Ich glaube», sagte Neill, «wenn ich es recht bedenke, ziehe ich doch mit in diesen kleinen Krieg. Fahr fort, Robert, du warst gerade beim Hauptquartier.»

«Heute nacht um elf begeben wir uns zur Brauerei, natürlich nicht im geschlossenen Verband, sondern einzeln. Und einzeln verlassen wir die Brauerei auch wieder.»

«Verlassen?» fragte Neill verdrossen.

«Wir müssen von allen Seiten gleichzeitig angreifen.»

«Sie werden an jedem Fenster eine Maschinenpistole postiert haben», warf David ein.

«In diesem Fall», sagte General Robert, «graben wir einen Tunnel. Gibt es in Chicago auch ein Wachsfigurenkabinett, Pyecraft? Ja? Na prima. Wir versehen die Figuren mit Rädern und rollen sie über die Straße. So werden wir bald merken, wo sie Maschinenpistolen postiert haben.»

Getrennt marschierten sie zur Brauerei und berieten dort im Flüsterton über ihre Offensive.

«Augenblick mal», sagte Pyecraft plötzlich. «Wo ist Betty?» Bevor jemand etwas erwidern konnte, hörte man von der anderen Straßenseite das Kreischen einer weiblichen Stimme.

«Entführt!» wisperte Gordon angstvoll. «Jetzt wird sie gefoltert.»

«Reg dich ab», beruhigte ihn Robert. «Unser Plan muß durchgeführt werden. Wenn der Mond hinter der Wolke dort versinkt, schiebt ihr die Wachsmänner hinaus.»

So geschah es, und dumpf schlugen Projektile in gefügiges Wachs. Abraham Lincoln, General Grant, Präsident Wilson und George Washington bissen in den Staub.

Zwei-Kanonen-Steve sprach durch eine Flüstertüte: «Wir wollen uns nicht an Pfannen vergreifen. Gebt uns den kleinen Schieber, der Pirrolo beleidigt hat, und ihr kriegt die Pfanne zurück. Ihr habt eine halbe Stunde. Wenn ihr bis dahin nicht gespurt habt, foltern wir die Kleine, und dann kriegt sie einen vor den Zahn.»

«Bluff», bemerkte Robert.

«Das ist kein Bluff», sagte Pyecraft gefaßt. «Der Bursche meint es ernst.»

Neill ließ Robert einen langen, prüfenden Blick zuteil werden. «Willst du wirklich einen Mitmenschen opfern? Wie stellst du dir dein weiteres Leben vor? Nie wird dich das Gefühl verlassen, daß du, um deine elende Haut zu retten, ein unschuldiges Mädchen der Folter, ja dem Tode überantwortet hast.»

Statt zu antworten, ergriff Robert einen Bierseidel und handhabte ihn wie eine Flüstertüte: «Geht in Ordnung, Großmaul», brüllte er über die Straße. «In einer halben Stunde überreiche ich euch meine Visitenkarte, ihr Läuse. Und wenn ich bei euch vorbeischaue, dann lasse ich Blei sprechen, daß ihr da klarseht.» Er ließ den Bierkrug achtlos fallen und wandte sich an die anderen: «Etwa so hätte Jerry Cotton sich ausgedrückt.»

«Das ist alles gut und schön», sprach Neill, «aber du weißt hoffentlich, daß es nur Geschwätz ist. Gegen die hast du keine Chance, daß du da ganz klar siehst, wie du es ausdrückst.» Sprach's und hob den Bierseidel auf, den Robert hatte fallen lassen, allerdings nicht, um ihn als Flüstertüte zu benutzen. Robert wartete geduldig, bis Neill den Kelch gefüllt und wieder geleert hatte, dann ergriff er ihn erneut.

«Hört mal zu, ihr Halbstarken! Garantiert ihr mir, daß ich nicht mit der Plempe beharkt werde, wenn ich rauskomme?»

«Darauf kannst du einen lassen», schrie Pirrolo zurück. «So schnell kriegst du keinen vor den Zahn, wenn du das meinst. Mit dir lassen wir uns Zeit. Man will ja was davon haben.»

«Und wenn ich mich nun stelle, woher weiß ich, daß ihr die Pietze freilaßt?»

«Wir wollen die Pfanne nicht», versicherte Pirrolo. «Zu jung für uns.»

«In Ordnung. Bis gleich.» Robert legte seine Pistolen ab, öffnete die Tür und überquerte die Straße. Alle hielten den Atem an und erwarteten Maschinengewehrfeuer. Aber man ließ Robert passieren. Eine Tür öffnete sich, und Robert trat ein. Die Tür schloß sich hinter ihm; nun mußte Betty gleich herauskommen.

Betty kam nicht.

«Verdammte Verlade», stieß Michael gepreßt hervor. Seine Finger schlossen sich automatisch enger um den Griff seiner Waffe, und auf diese Weise büßte Jean ein Ohrläppchen ein.

Robert ist jetzt bis auf weiteres der Held unserer Geschichte, und deshalb ist es nicht mehr als recht und billig, wenn wir sie in seinen Worten wiedergeben.

«Die Tür schließt sich also hinter mir», berichtete Robert. «Man erwartet mich mit gezogenen Pistolen. Betty kauert in einer Ecke. Furcht spricht aus ihren Augen.

‹Durchsucht mich›, sage ich, und sie durchsuchen mich. Natürlich finden sie keine Waffe.

Pirrolo starrt mich an. Nie habe ich soviel Haß in den Augen eines einzelnen Menschen gesehen.

‹Singvogel›, gurrt Pirrolo. Seine Stimme ist von gefährlicher Süße. ‹Du hast mich einen Singvogel genannt.› Er bricht in bitteres Gelächter aus. Dann dreht er sich zu seinen Männern um und befiehlt ihnen knapp: ‹Gebt ihm einen vor den Zahn.› Sie packen mich und wollen mich aus dem Zimmer drängen.

‹Macht mal Pause›, sage ich. ‹Ihr habt doch versprochen, die Pfanne freizulassen.›

Pirrolo wendet sich Betty zu.

‹Schieß in' Wind!› befiehlt er und weist ihr die Tür. Aber Betty umklammert plötzlich seinen Arm.

‹Ich kann nicht weg›, stammelt sie.

‹Warum nicht?› fragt er und stößt sie barsch von sich.

‹Weil – weil ich – ich liebe dich, Pirrolo.›

Pirrolos Mund klappte auf. Er starrte Betty an. ‹Du bist meschugge›, sagt er. ‹Und viel zu jung. Wie alt bist du überhaupt?›

‹Neun.› Betty lächelt kokett. ‹Aber ich fühle mich wie neunzehn.›

Pirrolo mustert sie, und ein Lächeln breitet sich auf seinen Zügen aus. ‹Geht klar›, sagt er. ‹Du wirst meine Schnalle.›

Ich richte das Wort an Betty wie folgt: ‹Du fiese Verladerin!› sage ich mit tiefem Ekel in der Stimme; Arizona-Alf zieht mir eins über, und als ich wieder zu mir komme, bin ich an einen Stuhl gefesselt. Verschwommen erkenne ich die Visagen von Zwei-Kanonen-Steve, Arizona-Alf und Faro Sargnagel. Ich höre, wie Sargnagel sagt: ‹Er ist wieder da.› Und sie binden mich los und zerren mich hoch. Dann greift sich jeder ein Stück Gartenschlauch, und ich kriege erneut einen vor den Zahn. Als ich danach das Bewußtsein wiedererlange, merke ich, daß ich mich in der Führerkanzel des Luftschiffs befinde. Wieder bin ich an einen Stuhl gefesselt. Vor mir sitzt Sargnagel mit einer Knarre in der Hand.

‹Na, fahrt ihr mit mir Schlitten?› frage ich, und er grinst.

‹Wir fliegen sogar. Pirrolo wird so hoch fliegen wie möglich. Über der Brauerei läßt er dich fallen. Dann können deine Kumpels Wiedersehen mit dir feiern.›

‹Na schön. Es gibt schlimmere Todesarten. Ich freue mich jedenfalls, daß du mein Bewacher bist und nicht Arizona-Alf oder Zwei-Kanonen-Steve.›

‹Wieso?›

‹Ich hab was gegen Ratten.›

‹Vorsicht, ja? So kannst du nicht über meine Kollegen sprechen.›

Ich schnalze verächtlich mit der Zunge. ‹Kollegen? So was nennst du Kollegen? Wieviel hast du bei der Zentralbank-Kiste abgestaubt?›

‹Einen Riesen. Warum?›

Ich lache ironisch. ‹Einen Riesen? Lumpige eintausend Dollar? Sag den anderen, sie sollen mal die Taschen ausleeren, wenn du sie siehst.›

‹Ich vertraue meinen Kollegen.› Er betrachtet das Gespräch als beendet.

‹Okay›, sage ich. ‹Dann verschwende ich meine Worte. Aber sag nachher nicht, ich hätte dich nicht gewarnt.› Ich verstumme. Kurze Zeit später erscheinen Steve und Alf. Sargnagel sieht sie an, und ich bemerke den Schatten eines Verdachts in seinem Blick.

‹Hast du mal 'ne Lulle für mich, Steve?› fragt Sargnagel.

‹Für dich immer›, sagt Zwei-Kanonen-Steve und greift in seine Jackentasche. Erstaunen huscht über sein Gesicht, als er mehrere Packen Banknoten hervorholt. Auf den Banderolen war klar und deutlich *Zentralbank Chicago* zu lesen.

‹Komisch›, sagt er und starrt auf das Geld.

‹Ja, komisch, was?› höhnt Sargnagel. Er dreht sich zu Arizona-Alf um, greift in die Jackentasche und bringt ein weiteres Bündel Geldscheine zum Vorschein. Mit fliegenden Fingern blättert er sie durch. ‹Sechzig Riesen›, haucht er andächtig.

‹Das hat jemand gefingert!› schreit Steve. ‹Das ist eine Bilderbuch-Verlade!› Er funkelt mich an. Ich versuche, so unschuldig wie möglich dreinzuschauen.

‹Was sind schon ein paar Riesen?› frage ich besänftigend. ‹Die Welt ist voller Kies. Man braucht nur zuzugreifen. Kaufen kannst du dir sowieso nichts dafür. Vergiß das Ganze, Sargnagel. Du glaubst, daß der Kies was mit eurem Bruch zu tun hat, weil *Zentralbank Chicago* draufsteht. Ich kann dich ja verstehen, aber tu mir einen Gefallen und vergiß es.›

‹Das sagst du›, knurrt Sargnagel. Er hat einen eigentümlichen Gesichtsausdruck und verläßt plötzlich die Führerkanzel. Dann geht es rund.

‹Du hast uns die Salatblätter in die Tasche gesteckt›, röhrt Steve, und beide hämmern mit ihren Fäusten auf mich ein.

‹Benehmt euch mal wie Erwachsene›, sage ich zwischen den Hieben. ‹Ich bin doch kein Zauberkünstler. Wie soll ich an die Zentralbanknoten gekommen sein? Ich war nie in Pirrolos Büro.›

‹Der Boss hat kein Büro›, meint Alf.

‹Na schön, du hast gewonnen›, gebe ich zu. Ich sehe aber, daß sie einen kurzen Blick wechseln.

‹Das würde der Boss nie tun›, schnaubt Steve, aber in seinem Schnauben schwingt Zweifel mit. Pirrolo tritt ein. Wut verfärbt sein Gesicht.

‹Was ist hier los? Ihr solltet dieser Träne einen vor den Zahn geben. Warum ist er nicht ohnmächtig?›

Steve richtet das Wort an Pirrolo: ‹Wir sind hier nicht im Kindergarten›, sagt er übellaunig. ‹Und wir sind auch keine Prügelspezialisten von der Kripo; wir sind anständige Revolvermänner.›

Pirrolo packt ihn am Schlafittchen. ‹Der Boss bin immer noch ich. Ich habe das Sagen.› Steve fliegt durch die Tür. Alf folgt ihm, und Pirrolo wendet mir seine ungeteilte Aufmerksamkeit zu.

‹In ein paar Minuten gehst du über Bord. Weißt du, was das heißt?›

‹Sicher. Das heißt Tod. Ich kann ja nicht fliegen. Bin ja kein Singvogel.›

Mir ist klar, daß es hirnverbrannt ist, so etwas zu sagen, aber es rutscht mir einfach so heraus. Wie ein Berserker stürzt er sich auf mich und drischt auf mich ein. Als ich wieder zu mir komme, spüre ich, wie jemand meine gefesselten Hände berührt.

‹Psst. Kein Wort›, höre ich Betty mir ins Ohr flüstern.

Sie zerschneidet mir die Fesseln. Es ist stockfinster, und etwas gleitet in meine Hand. Es ist eine Automatik.

‹Warum haben sie mich nicht über Bord gekippt?› flüstere ich.

‹Ich weiß es nicht. Sargnagel hatte eine Auseinandersetzung mit Alf und Steve. Einer von ihnen ist tot. Ich weiß nicht, wer, ich habe lediglich eine Leiche aus dem Luftschiff fallen sehen.›

‹Gut. Dann sind es nur noch drei. Wenn Sargnagel nicht die Leiche war, ist er bestimmt auf meiner Seite. Jetzt geht's los.› Ich krieche zur Tür. Ich will gerade die Hand auf die Klinke legen, da geht die Tür auf, und Steve kommt rein.

‹Flossen hoch›, sage ich ganz eiskalt und stoße ihm meine

Knarre in den Wanst. Er hebt brav seine Patschhändchen. ‹Wir beide haben noch eine kleine Rechnung offen›, sage ich. ‹Es ging da oben um schnelles Ziehen, und du warst der Meinung, daß eine getroffene Uhr noch nichts beweist.›

‹Stimmt auffallend›, sagt Zwei-Kanonen-Steve.

‹Und eben deshalb›, sage ich, ‹schießen wir diesmal richtig.›

Ich nehme die Pistole aus der Schulterhalfter und lege sie auf den Tisch. Meine Pistole lege ich dazu. Ich nehme die Hände hoch und erkläre die Spielregeln: ‹Wenn die Dame «Los!» sagt, geht's los. Kapiert?›

‹Kapiert.›

Ohne mich umzuwenden, befehle ich Betty, ‹Los!› zu sagen, und ... nun, ich hab's geschafft. Das Loch in seinem Herzen war eine Augenweide.

‹Da waren's nur noch zwei›, sage ich zufrieden. ‹Nun zu Pirrolo.›

Pirrolo ist im Führerhaus. Davor steht Sargnagel mit einem Ballermann.

‹Hoch damit›, sage ich.

Sargnagel grinst nur. ‹Glaub man ja nicht, daß ich den Verlader auch noch beschütze. Ich warte nur, daß er rauskommt.›

‹Sargnagel, du bist ein echter Meißel, ein wahrer Freund, aber dies hier ist *meine* Beerdigung. Pirrolo ist mein Bier.›

Sargnagel zuckt die Achseln. ‹Wie du willst, Hombre›, lächelt er und tritt beiseite.

‹Hallo, Singvogel!› brülle ich. ‹Komm raus, und mach dein Testament.›

‹Wir werden alle zusammen unser Testament machen›, schreit Pirrolo, und plötzlich sackt das Luftschiff ab. Wir fallen auf die Fresse, aber ich springe auf wie ein geölter Blitz und stemme mich mit der Schulter gegen die Tür zur Flugkanzel. Die Tür gibt nach, und ich erwische einen Streifschuß an der Schulter. Ich sehe, wie Pirrolos Gesicht mich anbleckt, sehe, wie seine Kanone todbringendes Blei spuckt, aber in einem abstürzenden Luftschiff ist seine Hand nicht so sicher wie die meine. Ich setze ihm zwei Schönheiten direkt zwischen die Augen [David legte später ein Pik-As auf die Wunde], ergreife das Höhenruder und ziehe den Vogel wieder hoch – eine Sekunde später wäre er auf der Brauerei zerschellt.»

Soweit Roberts Bericht. Die Geschichte geht nächste Woche weiter.

FORTSETZUNG FOLGT

Kommentar

Da ich Robert eine solche Schlüsselrolle gegeben hatte, wußte ich, daß ich mit heftiger Kritik rechnen mußte.

«Nicht viel los mit der Geschichte», Bunny wurde zuerst aggressiv. «Die ganze Sache mit den Gangstern war ein einziges Jerry-Cotton-Plagiat. Jerry schafft es auch immer, daß sich die Ganoven gegenseitig umlegen, weil sie glauben, der andere hätte sie verladen.»

«Immer habt ihr alles getan», sagte Jean. «Es ist unfair, daß Robert und Betty die ganze Zeit die Helden waren.»

«Ich fand das nicht gerade heroisch», murrte Betty, «mich sagen zu lassen, daß ich Pirrolo liebe.»

«Das war doch gerade raffiniert von dir», erklärte ich. «Du mußtest dir doch schnell was ausdenken, um dableiben und Robert helfen zu können.»

«Als wenn ich Bettys Hilfe gebraucht hätte», wehrte Robert ab.

Michael meinte: «Mir macht es nichts aus, daß Robert immer der Held des Tages ist, aber für eine gute Geschichte waren zu viele Fehler drin.»

«So?»

«Als Robert Pirrolo einen Singvogel nennt, nimmt Pirrolo einen Stuhl und zerschmettert damit die Deckenlampe. Wieso gibt es elektrisches Licht, wenn die Kraftwerke außer Betrieb sind?»

«Ah ja. Habe ich denn nicht erwähnt, daß Pyecraft in einem Vorort wohnt und einen eigenen Generator besitzt?»

«Meinetwegen», akzeptierte Michael großmütig. «Den Generator wollen wir dir durchgehen lassen. Aber den nächsten Schnitzer wirst du kaum bemänteln können: Wie konnte die Bande mit Statuen in den Autos zur Villa rasen, wenn du selbst gesagt hast, alle Straßen seien mit kaputten Autos verstopft?»

Dieser Einwand erforderte intensives Nachdenken. «Das», sagte ich schließlich, «ist auf den Zeitunterschied zurückzuführen. Londons Straßen waren natürlich voller kaputter Autos, weil es elf Uhr vormittags war, als die Wolke kam. Amerika liegt im Westen und bekommt die Sonne später, sechs Stunden später. Also war es fünf Uhr morgens, und auf den Straßen war nur sehr wenig Verkehr.»

«Du windest dich auch aus allem heraus», sagte Michael angewidert.

«Ich fand die Geschichte doof», meinte Jean. «Warum hatten Zwei-Kanonen-Steve und Arizona-Alf plötzlich die Taschen voller Banknoten?»

«Ich möchte annehmen», sagte ich, «daß Robert diesen Vorgang erklären kann», und sah zu ihm hinüber.

Er dachte kurz nach, dann leuchteten seine Augen auf. «Ich hab's! Ich habe ihnen das Geld zugesteckt, als sie mich in ihrem Hauptquartier herumschubsten.»

«Und woher hattest du die Scheine?» fragte Jean scharf.

«Keinen Schimmer. Woher hatte ich die, Neill?»

«Das ist eine lange Geschichte, aber ich will es kurz machen. Du wußtest, daß die beste Methode, eine Bande zu bekämpfen, die ist, bei ihren Mitgliedern gegenseitiges Mißtrauen zu säen. Du wußtest ferner, daß sie wegen des Überfalls auf die Zentralbank geflohen waren. Folglich bist du auf dem Weg zur Brauerei heimlich bei der Bank vorbeigegangen.»

«Das wurde in der Geschichte aber nicht klar», kritisierte David.

«Himmel noch mal!» entfuhr es mir. «Kann ich denn gar nichts eurer Vorstellungskraft überlassen? Nächstes Mal werde ich eine Geschichte erzählen müssen, die etwa so klingt: Ähm

... es war Sommer, und das Gras war grün. Auf den Bäumen wuchsen Blätter. Pyecraft sah sich das Haus an – ein Haus ist etwas, in dem Menschen wohnen – und sagte mit seinem Munde ... und so weiter.»

«Jetzt ärgerst du dich, weil du weißt, daß es eine klägliche Geschichte war», lachte Gordon. «Und das allerkläglichste war die Sprache der Gangster.»

«Hör zu, Kobergesicht», sagte ich. «Fatzt die spitzen Sprüche, sonst setz ich die Lampen, weil Robert mit den Flocken einen Hasen gezogen hat. Und so was will ein Meißel sein ...»

«Du weißt doch gar nicht, was ein ‹Meißel› ist», bemerkte Gordon.

Ich erhob mich und verließ würdevoll den Raum. Ich muß aber wirklich mal einen Verbrecher fragen, was «Meißel» bedeutet.

Siebtes Kapitel

Sie beschlossen, nach Summerhill zurückzufliegen. Zunächst wollte Sargnagel nicht mitkommen, aber als ihm David seine Zukunft in düsteren Farben zu malen begann, wurde er unsicher.

«Hör zu, Sargnagel. Du bist zwar hart im Nehmen, aber bist du hart genug, um auf die Dauer nur zwischen toten Steintypen herumzulatschen? So was nervt einen. Irgendwann kriegst du den großen Rappel, und dann ballerst du auf alles, was sich nicht bewegt. Niemand, mit dem du sprechen kannst, niemand, mit dem du wetten kannst, niemand, mit dem du Schlitten fahren kannst ... Sargnagel, du wirst in Chicago versauern.»

Sargnagel wankte sichtlich.

«Nur noch versteinerte Schicksen in Chicago», warf Gordon ein.

Sargnagel musterte die Schicksen, besonders Betty. «Ich glaube, ihr habt recht, Kumpels. Ich komme mit über den großen Teich.»

So kam Sargnagel nach England. Sie gewannen ihn bald lieb und quetschten ihn über seine Vergangenheit aus.

«Wodurch wurden Sie zum Killer?» fragte Betty, die eine bemerkenswerte Vorliebe für ihn entwickelt hatte.

Sargnagel grinste. «Je nun. Ich weiß nicht. Ich war früher Cowboy in Texas, und eines Nachts beim Pokern ... ich wußte, daß falschgespielt wurde und daß Joe Einauge die Karten gezinkt hatte, aber ich konnte ihm natürlich nichts beweisen. Also lehne ich mich in meinen Stuhl zurück und spreche zu ihm wie folgt: ‹Einer von uns beiden versucht mich zu bescheißen. Ich möchte keine Namen nennen, aber wenn mir das nicht sofort aufhört, haue ich dem Betreffenden auch noch das andere Auge aus dem Gesicht.› Well, ich zog schneller als Joe und hatte auch prompt das Aufgebot des Sheriffs auf dem Hals. Deswegen ließ ich mich in Chicago nieder. Dort mußte ich verschiedenen Bullen einen vor den Zahn geben, und Pirrolo wurde auf mich aufmerksam.»

«Welche Aufgaben versahen Sie in Pirrolos Firma?» fragte Neill.

«Schießen.»

«Feinde der Firma?»

«Nö, nö. Oft mußte ich auch gute Freunde umpusten. Geschäft ist Geschäft. Pirrolo wollte zum Beispiel, daß ich Bill Johnson fertigmache, sagte, zehn Dollar würden dabei herausspringen. ‹Bill›, wende ich ein, ‹ist mein bester Kumpel.› – ‹In diesem Fall›, sagt der Boss, ‹kriegst du zwanzig.› Da hab ich's Bill mit 'ner abgesägten Schrotflinte besorgt.»

«Sie haben einen Freund für zwanzig Dollar erschossen?» kreischte Jean fassungslos.

«Ich weiß, ich hätte vierzig verlangen sollen», grübelte Sargnagel reumütig.

«Hatten Sie denn gar keine Gefühle, als Sie das taten?»

«Doch, ein bißchen lasch war ich schon. Zehn Dollar habe ich für Blumen angelegt. Bills Beerdigung hat eine ganz schöne Stange Geld gekostet. Eins muß man Pirrolo lassen: Er schmiß die nobelsten Beerdigungen von ganz Chicago.»

Neill und die Mädchen fanden diese Denkweise schauderhaft; den Jungens schien sie in Ordnung.

«Sehr anständig, daß er einen Kranz zu Bills Beerdigung geschickt hat.» Bunny nickte beifällig. «Da sieht man mal wieder, daß jeder Mensch seine guten Seiten hat.»

Summerhill war inzwischen noch baufälliger geworden. Chads Armhaltung hatte durch den Westwind sehr gelitten, und seine Kleidung hing in Fetzen an ihm herunter. Betty und Jean verbrachten einen ganzen Vormittag damit, ihm eine schottische Tracht anzuziehen. Neill bemängelte, man trage zum Golf keinen Schottenrock. Sargnagel hingegen hatte viel Spaß an Chads neuen Kleidern. Immer wieder kam er vorbei und schüttelte sich aus vor Lachen: «Ein Macker mit Matratze im Gesicht trägt 'n Fummel!»

Der Hockeyplatz sah aus wie ein Wäldchen, und die Nahrungsfrage wurde zum echten Problem. Kartoffeln und Gemüse wucherten wild, aber Gras und Unkraut machten ihnen Konkurrenz. Neill meinte, man müsse jetzt Ackerbau betreiben, und die Kinder holten Traktoren und pflügten den Garten um. Sargnagel bewährte sich als Metzger. Er schlachtete und tranchierte Schafe und Rinder. Aber auch dies wurde immer schwieriger, denn die Zoo-Tiere hatten sich fleißig vermehrt: Panther, Tiger und Löwen durchstreiften das Land. Von den schottischen Pferden waren nur noch ein paar auf dem Hockeyplatz verstreute Knochen übriggeblieben. In die Stadt konnte man sich nicht einmal mehr bei Tageslicht wagen. In Garrods Autoreparaturwerkstatt hatten die Tiger ihr Lager aufgeschlagen, während sich die jungen Löwen in Titlows Gemischtwarenhandlung tummelten. Dann, eines windigen Morgens, löste sich das Luftschiff aus seiner Verankerung. Sie konnten ihm nur noch nachblicken, wie es in Richtung Ipswich davonschwebte.

«Das», faßte David zusammen, «gibt uns den Rest. Jetzt sind wir hier lebenslänglich gefangen.»

Das Funkgerät begann zu quäken. Es war Fritz. Seine Stimme klang verängstigt. «Die Wölfe sind über den Graben und durch den elektrischen Drahtzaun herübergekommen. Ich sitze schon seit vier Tagen auf dem Kirchturm und habe nichts zu essen. Helft mir.»

Sie sahen sich verzweifelt an.

«Ihm bleibt nur der Tod», seufzte Pyecraft.

«Uns auch», meinte Neill. «Ohne Luftschiff ...»

«In Martlesham gibt es eine Menge schneller Bomber», überlegte Michael.

«Wo ist das?» fragte Sargnagel.

«Armeeflughafen, etwa fünfundzwanzig Kilometer von hier.»

«Das könnte man zu Fuß schaffen», sagte Evelyn.

«Zu Fuß mitten zwischen Tigern, Wölfen und Löwen hindurch?» fragte Neill.

«Ich habe eine Idee.» Gordon hatte eine Idee. «In Leiston

steht der Zug noch im Bahnhof. Bis nach Saxmundham ist die Strecke frei.»

«Stimmt. Aber der Zug nach Yarmouth liegt bei Wickham Market auf den Gleisen», gab David zu bedenken.

«Weiß ich. Aber als wir das letzte Mal in Saxmundham waren, habe ich einen fahrbaren Kran gesehen. Vielleicht können wir damit die Trümmer wegräumen.»

«Dazu brauchen wir ein Jahr», nörgelte Neill.

«Na und», rief Robert, «wir können es auf jeden Fall mal versuchen. Vorwärts, Freunde, schnallt euch die Revolver um. Setzt die Kessel unter Dampf!»

Die Lokomotive glich eher einer Hecke als einer Lokomotive. Moos wuchs auf dem Gesicht des Lokführers; Krähen hatten im Schornstein ein Nest gebaut; Gras wucherte auf den Bremsbelägen. Überall war Rost, und die Kinder entschlossen sich, die Lok erst einmal zu säubern und zu ölen. Nach mehreren Stunden sah die Maschine fast wie neu aus. Anschließend mußten die Abteile geleert werden. Die Kinder stapelten die steinernen Reisenden auf dem Bahnsteig. Nun wurde der Kessel gefüllt und Feuer angeblasen. Unvorsichtigerweise hatte Betty den Stationsvorsteher ans Überdruckventil gebunden. «So sieht das Ganze gleich viel amtlicher aus», erklärte sie. Das erste, was Neill und Pyecraft dann von der Explosion bemerkten, war, daß David durch das Dach der Schule von Leiston flog.

«Tach», sagte Neill.

«Tach», sagte David geistesgegenwärtig. «Bißchen heiß heute.»

Es war nicht leicht, Michael vom Schornstein der Garrett-Fabrik herunterzubekommen. Und als sie es endlich geschafft hatten, wollte er wieder hinaufklettern, weil seine Hose noch am Blitzableiter hing.

Die Lokomotive war glücklicherweise so gründlich explodiert, daß man nicht viel Arbeit damit hatte, die Reste zu beseitigen. Dann holten sie eine leidlich erhaltene Hilfslok aus der Fabrik und koppelten sie vor den Zug. Langsam setzten sie sich in Bewegung. Gordon war Lokführer, Robert war Heizer; die anderen saßen mit Sargnagel in den Erster-Klasse-Abteilen. Betty hatte darauf bestanden, daß jeder eine Fahrkarte haben müsse. Jean bekam ein Dritter-Klasse-Billett und mußte sich von ihnen trennen. Neill erklärte, er würde in Leiston bleiben und die Signale betätigen. Pyecraft sagte, ohne Schlafwagen würde er nicht mitkommen.

Gordon hatte keine Ahnung vom Lokführen. Beim ersten Hebel, den er betätigte, fuhr der Zug rückwärts aufs Abstellgleis. Gordon zog an jedem Hebel, den er finden konnte, und schließlich fuhr der Zug vorwärts wie eine richtige, brave Puff-Puff-Bahn. Die Reise verlief stellenweise etwas ruckartig, denn Gordon hatte die fixe Idee, daß Lokomotiven ein Dreiganggetriebe mit Rückwärtsgang besitzen. Immer wieder suchte er die Gangschaltung. Die sieben Kilometer nach Saxmundham legten sie in zwei Stunden zurück. Als sie ankamen, hatte Gordon vergessen, wo die Bremse war, aber ein querstehender Lastwagen hatte den gleichen Effekt. Außerdem stand da eine D-Zug-Lok, und sie mußten rangieren, um den fahrbaren Kran ankoppeln zu können. Sie versuchten, die Signale zu bewegen, aber es war aussichtslos.

«Gebt mir einen Schraubenzieher und einen Schraubenschlüssel», befahl Gordon, der Lokführer. «Das werden wir gleich haben.»

Er hielt sich längere Zeit im Stellwerk auf. Bunny besah sich das Gewirr von Hebeln und Drähten und fragte Gordon, ob er glaube, diese Prozedur bei jedem Stellwerk von hier bis Woodbridge wiederholen zu müssen, da in diesem Fall er, Bunny, zu alt sein würde, einen Bomber zu fliegen, wenn sie ankämen. Inzwischen hatte Sargnagel die Weichen mit Hilfe eines Vorschlaghammers gestellt. Gordon wurde aus dem Altmetallhaufen gezerrt, der einst ein Stellwerk gewesen war. Es konnte weitergehen. Bei Wickham Market fanden sie, wie erwartet, den Zug nach Yarmouth. Sie stellten fest, daß sie den Kran ans Zugende gekoppelt hatten, und mußten zurück nach Saxmundham, um ihn vor die Lokomotive zu spannen. Als sie wieder da waren, stellten sie fest, daß sie die Kurbel für den Kran vergessen hatten. Wieder mußten sie zurück nach Saxmundham.

«Daher der Name ‹Pendelverkehr›», spottete Michael.

Sie machten sich an die Arbeit. Sie wollten schier verzweifeln. Nie würden sie die Strecke freikriegen. Sargnagel übernahm das Kommando, und als die Nacht hereinbrach, waren sie schon halb fertig. Sie schliefen im Zug und frühstückten im Speisewagen aus der Dose. Als sie ihr Werk am Mittag vollbracht hatten, bemerkten sie, daß die Schienen verbogen waren. Bunny versuchte vergeblich, sie mit einem großen Schraubenschlüssel geradezubiegen. Man konnte sie nur durch heile Schienen von der hinter ihnen liegenden Strecke ersetzen. Dazu brauchten sie den Kran.

Es wurde schon Abend, als sie weiterfahren konnten. In Melton stand ihnen ein Güterzug im Wege.

«Etwas zurückstoßen», schlug Robert vor, «und dann voll hinein!» Gordon tat, wie ihm geheißen. Die Puffer der Lok und Gordons Nasenbein brachen. Es blieb ihnen nichts anderes übrig, als den Güterzug vor sich her zu schieben. So erreichten sie Woodbridge. Der Flughafen befand sich ganz in der Nähe. Die Bomber waren mit Planen abgedeckt und gut erhalten.

«Mensch, wir sind Idioten», schrie Bunny plötzlich.

«Warum?» erkundigte sich David.

«Jetzt haben wir uns so abgeschuftet, um herzukommen, und keiner von uns kann mit einem Flugzeug umgehen.»

«Das dachte ich auch die ganze Zeit», gestand Betty. «Ich wollte nur nichts sagen.»

«Na wennschon», meinte Robert. «Ansehen kostet nichts.» Die Kinder inspizierten die Maschinen. Dann schoben sie einen der Bomber, ein ganz neues Modell, aus dem Schuppen und tankten ihn auf.

«Probier den Vogel mal aus, Gordon», meinte Robert beiläufig, und Gordon sah schnell woandershin.

«Wir sollten das Los entscheiden lassen, wer zuerst fliegt», vermittelte Evelyn.

Der Vorschlag wurde angenommen, und mit zitternder Hand zog jeder einen Grashalm aus Sargnagels schwieliger Faust. Bunnys Grashalm war der kürzeste. Schweiß netzte seine Brauen. Er ging von einem zum anderen und schüttelte jedem die Hand. Nach einigen knappen Anweisungen, was mit seinen Habseligkeiten zu geschehen habe, bestieg er das Cockpit.

«Kontakt hergestellt!» brüllte er. Der schwere Vogel setzte sich in Bewegung. Bunny rollte zweimal im Kreis, drehte die Maschine gerade gegen den Wind und hob ab. Er winkte.

«Was Bunny kann, können wir auch», rief Michael. Jeder besorgte sich ein Flugzeug, und nacheinander flogen alle himmelwärts. Die Jungens wetteiferten miteinander, und bald flogen sie Loopings und Sturzflüge, allerdings meistens unfreiwillig. Bunny gab ihnen ein Zeichen, und in V-Formation steuerten sie Summerhill an. Nach einer glatten Landung auf dem Hockeyplatz stürmten sie unter Bunnys Führung ins Haus, um Meldung zu machen: «Bunny mit acht Mann angetreten, um Fritz zu retten.»

Pyecraft und Neill sagten, sie würden nicht mitkommen.

«Warum nicht?» fragte Bunny.

Neill schlug vor Bunnys Blick die Augen nieder. «Jemand muß sich – äh – um den Garten kümmern.»

«Dazu braucht man mindestens zwei Mann», fügte Pyecraft hastig hinzu.

Bunny seufzte voller Verachtung. «Je älter und nutzloser ihr werdet, desto mehr Angst habt ihr um euer Leben. Vorwärts, Leute! Die Welt gehört der Jugend!»

«Ihr könnt ja funken, wenn ihr Hilfe braucht», sagte Neill zuckersüß.

«Pah!» explodierte Bunny und führte seine Schwadron zu den Bombern.

Nachmittags erreichten sie Murnau und landeten innerhalb der Einfriedung. Wie ein Rasender schwenkte Fritz auf dem Kirchturm eine Fahne. Dann kam er herunter, um sie zu begrüßen. Er war mager, bleich und verängstigt. Sie gaben ihm schnell etwas zu essen.

«Was Bunny kann, können wir auch», rief Michael.

«Wo sind denn die Wölfe?» fragte Jean.

«Sie kommen nur nachts. Seht ihr da die kaputte Stelle am Graben? Da sind sie durchgekommen, als es regnete.»

«Und der elektrische Draht?»

«Wahrscheinlich ist der Dynamo kaputt. Ich habe nicht gewagt, flußaufwärts zu gehen, um ihn zu reparieren. Die Wölfe haben alles aufgefressen. Ich mußte von Gras und Blättern leben.»

Sie sagten, er solle doch mit nach England kommen, und er griff den Vorschlag bereitwillig auf.

Michael machte einen enttäuschten Eindruck. «Aber wir wollten doch die Wölfe bekämpfen. Wir haben genug Bomben, um Tausende von ihnen in die Luft zu sprengen.»

Sargnagel stocherte unschlüssig in seinem letzten Zahn. «Bomben», entfuhr es ihm verächtlich, «Bomben sind Kacke. Zu leicht. Keine saubere Arbeit.»

«Was willst du damit sagen?» fragte Bunny.

«Jede laue Träne kann einen Wolf bombardieren. Kein Risiko dabei. Aber ein ganzes Wolfsrudel mit dem Ballermann umpusten, das ist Sport.»

«Sargnagel hat recht», sagte Betty. «Wir bleiben über Nacht und erwarten sie mit unseren schieren Revolvern.»

Fritz hatte Angst. «Nein, nein! Es sind zu viele, und sie werden von einem großen Wolf angeführt.»

«Wer hat Angst vorm großen Wolf?» sang Michael. «Aber ich glaube doch, wir sollten die Maschinengewehre aus den Flugzeugen holen. Vorsichtshalber.»

Sie verschanzten sich an der Stelle, wo der Graben eingebrochen war. Die Maschinengewehre wurden aufgestellt, Dunkelheit senkte sich über die Szene, lautlos warteten sie. Zehn Uhr, elf Uhr, Mitternacht, ein Uhr, zwei Uhr ... Sie warteten bis zum Morgengrauen, und kein Wolf erschien. Eine sehr enttäuschte Gesellschaft nahm in mißmutiger Stimmung das Frühstück ein. Sie sahen Fritz prüfend und vorwurfsvoll an.

«Der Flugzeuglärm muß sie vertrieben haben», sagte er zaghaft.

Robert entschied: «Wir werden es heute nacht noch einmal versuchen.»

Aber am Nachmittag kam eine Nachricht von Neill über Funk: «pyecraft verschwunden ... kommt sofort zurück ... neill.»

Mit Höchstgeschwindigkeit flogen sie nach Summerhill zurück. Fritz flog mit Sargnagel. Sie trafen Neill völlig aufgelöst an.

«Ich war gerade beim Kohlpflanzen», berichtete er. «Pyecraft lag wie üblich im Gras und hielt mir Vorträge, wie man es macht. Plötzlich hörten wir vom Hockeyplatz her lautes Brüllen. Es klang wie Löwengebrüll. Also rannte ich ins Haus, um ein Gewehr zu holen. Als ich zurückkam, war Pyecraft weg.»

«Keine Fußspuren?» fragte David. «Hast du die Zigarettenkippen mit dem Mikroskop untersucht? Hast du den Tatort vermessen? Irgendwelche Fingerabdrücke?»

«Kein Löwe ist groß genug, um Pyecraft zu verschleppen», entschied Jean.

«Ich habe das dunkle Gefühl», bekannte Sargnagel, «daß Neill mit Pyecraft eine kleine Spazierfahrt gemacht hat.»

«Neill ist Schotte», grinste Michael. «Er würde ihn nicht zu einer Spazierfahrt mitnehmen, sondern zu einem Spaziergang. Aber warum sollte er das?»

«Ihr könnt mich totschlagen, aber Pyecraft war immerhin Millionär. Wär nicht der erste Millionär, der spurlos verschwindet», meinte Sargnagel.

«Seien Sie nicht töricht», schnappte Neill. «Wenn wir wollten, könnten wir jetzt alle Millionäre sein. Alles Gold der Bank von England könnte unser sein. Aber wozu? Außerdem verlieren wir kostbare Zeit mit Quatschen, statt nach Pyecraft zu suchen.»

Sie suchten das Gelände ab. Erfolglos. Sie achteten auf Blutflecken, Fußspuren, Indizien. Nichts. Keine Spur von Pyecraft.

«Ich fürchte», sagte Bunny, «er befindet sich bereits in irgendeinem Löwen.»

«Löwe! Das ist eine Idee», frohlockte Michael. «Gib mir mal die Karre.» Er schwang sich auf ein Fahrrad und verschwand in Richtung Aldeburgh. Im Weißen Löwen fand er Pyecraft. Pyecraft schlief tief und fest.

«Das war eine ziemlich billige Auflösung des Rätsels», ließ sich Robert am selben Abend vernehmen. «Da reißt man uns nun aus einer Schlacht mit Wölfen, nur um einen Mann aus der Kneipe abzuholen. Das war unfair. Meine Meinung: eine massive Verlade. Ohne uns hatten Neill und Pyecraft Schiß, und da haben sie sich diese Entführungsgeschichte ausgedacht, damit wir früher nach Hause kommen.»

Die beiden Männer protestierten heftig gegen eine solche Unterstellung, aber einige Tage lastete dieser Verdacht auf ihnen.

Das Leben wurde immer langweiliger. Die täglichen Pflichten empfanden sie in zunehmendem Maße als lästig. Man mußte Essen kochen und saubermachen. Fließendes Wasser gab es schon lange nicht mehr, denn das städtische Wasserwerk war außer Betrieb. Man mußte sich das Wasser aus einem alten Brunnen holen. Auch fehlte es an Zerstreuungen. Man begann sich auf die Nerven zu fallen.

«Dieselben Gesichter, dieselben dummen Sprüche», beklagte sich Gordon.

Doch es gab auch kurzweiligere Momente. Fritz hatte Betty gebeten, ihm Englischunterricht zu geben, und Betty verwies ihn an Sargnagel. So konnten sie abends den Englischlektionen beiwohnen, die Sargnagel seinem unseligen Schüler gab.

Gelegentlich vertrieb man sich die Zeit damit, Dörfer und Städte zu bombardieren. Aber auch das verlor bald seinen Reiz.

Eines Abends saßen sie beisammen.

«Die Welt ist wirklich langweilig», begann Evelyn. «Sie wird jeden Tag langweiliger. Laßt uns nach London fliegen und wieder mal einen Bummel durch die Läden machen.»

Niemand wollte mit.

«Wenn man alles hat, was man sich wünscht, ist man auch

nicht besser dran», meinte Betty. «Woran liegt das wohl, Neill?»

«Dies wirft eine komplizierte psychologische Frage auf. Die Dinge, die einen am meisten faszinieren, sind stets Dinge, die man nicht kriegen kann. Ich hatte mir immer ein anständiges Auto gewünscht. Aber selbst wenn die Straßen nicht so verstopft wären, würde ich mir heute kein anständiges Auto mehr wünschen. Angabe hat natürlich auch etwas damit zu tun. Es macht keinen Spaß, sich Diamanthalsbänder umzuhängen oder sich fein anzuziehen, wenn es sowieso niemand sieht.»

«Ich habe auch keine Lust mehr dazu», bekannte Betty, «obwohl *ihr* es sehen könnt.»

«Die Zielgruppe ist zu klein», erklärte Neill. «Es ist ganz Wurscht, was wir denken, ob wir dich schön finden oder nicht. Unsere Wertmaßstäbe haben sich gewandelt. Wir sind primitiver geworden. David zum Beispiel hat sich schon seit einem Monat nicht mehr gewaschen.»

«Dieses Phänomen», sagte Robert, «stammt noch aus der Vor-Stein-Zeit.»

«Und ich», fuhr Neill fort, «bemerke, daß ich mich tagelang nicht rasiere. Mir ist es gleich, was ich anziehe. Meine früheren Interessen sind unwiederbringlich dahin. Franco und die Republikaner sind gleichermaßen versteinert. Rußland? Ein Friedhof. Keine Politik mehr, kein Gesellschaftsklatsch, kein Pferderennen, kein Cricket, kein Fußball, keine Filme, kein Theater, keine Musik! Und schlimmer: keine neuen Kreuzworträtsel.»

«Und keine Hoffnung», ergänzte Pyecraft. «Wir existieren, das ist alles. Ich glaube nicht, daß wir lange genug leben, um eine neue Generation hervorzubringen. Alles gleitet uns aus der Hand. Die Kinder sollten Berufe erlernen. Fritz zum Beispiel könnte ihnen etwas über Elektrizität beibringen. Und was geschieht statt dessen? Man blödelt herum und bombardiert Dörfer, bekämpft Tiere, pflanzt ein paar Kartoffeln und Möhren. Wahrlich, wahrlich, ich sage euch: Wenn ihr euch nicht ein bißchen am Riemen reißt, werden andere Lebewesen die Zivilisation an sich reißen.»

«Früher dachte ich, die Ratten würden es schaffen», gab Michael zu. «Aber sie haben den Kampf aufgegeben.»

«Wirklich?» fragte Gordon. «Wir sehen nicht mehr viel von ihnen, aber vielleicht sind sie in den Untergrund gegangen. Vielleicht tauchen sie eines Tages zu Millionen aus ihren Löchern auf und schleppen alles weg.»

«Nein», wandte Neill ein. «Sie sind zu klein. Mit schwereren Gegenständen werden sie nicht fertig. Ich glaube eher, daß sich die Menschenaffen etwas einfallen lassen.»

«Daran», gestand Michael, «habe ich nie gedacht. Tarzan! Sie sind schwer genug, sie sind groß genug, sie haben Hände.»

«Aber nur sehr wenig Verstand», sagte Bunny.

«Das macht nichts», entschied Neill. «Auch der Mensch hat mit nur sehr wenig Verstand eine Zivilisation aufgebaut. Die Menschenaffen haben Mut und Kraft. Ich für mein Teil bin froh, daß es in England keine gibt und daß sie nicht den Ärmelkanal durchschwimmen können.»

«Wie dem auch sei», meinte David, «es wäre interessant zu erfahren, was sie so treiben. Wir können ja mal die Bomber besteigen und nach Afrika fliegen.»

«Unmöglich», protestierte Robert. «In Afrika gibt es nicht genügend Treibstoff. Wenn wir nur das Luftschiff nicht verloren hätten.» Er dachte nach. «Mensch! Ich hab's! Wir können es mit den Bombern suchen.»

Die Kinder waren begeistert und flogen am nächsten Morgen los. Jean fand das Luftschiff in der Nähe von Cambridge. Sein Anker hatte sich an einem Kirchturm verhakt. Es schien noch heil zu sein. Jean bestieg das Schiff und steuerte das gute Stück nach Hause. Es herrschte allgemeine Hochstimmung, und man beschloß, nach Afrika zu fliegen, um die Menschenaffen zu studieren.

«Vielleicht finden wir das ‹fehlende Glied› zwischen Affe und Mensch», sagte Bunny.

«Was, noch eins?» fragte Betty und sah David schelmisch an. David errötete und gab ihr einen Kleinen vors Ohr.

Ab jetzt wird unsere Geschichte vielleicht ein wenig unglaubwürdig klingen, aber das liegt daran, daß Geschichten, die das Leben schreibt, selten so gut sind wie Neills Geschichten. Kurz: Die Affen hatten begonnen, eine neue Zivilisation zu errichten. Gordon war der erste, der es sah, als sie Kenia überflogen:

«Da unten! Da arbeiten Männer!»

Es sah so aus, als schleppten sich mehrere Männer mit einem Baumstamm ab. Durch die Ferngläser erkannten sie, daß es sich um Gorillas handelte. Sie stoppten die Maschinen und schwebten über der seltsamen Baustelle. Die Affen schauten erstaunt hoch und verdrückten sich im Urwald. Kurze Zeit später kamen sie wieder heraus und fuhren mit ihrer Arbeit fort. Hin und wieder gönnten sie dem Luftschiff einen Blick, in dem sich Angst und Neugier mischten.

«Was tun die da?» fragte Neill.

«Sie haben Sägen und Äxte», antwortete Michael. «Sie müssen das von den Menschen abgeguckt haben.»

Die Affen hatten den Baum anscheinend mit einer Schrotsäge gefällt, aber jetzt wußten sie nicht, was sie mit ihm anfangen sollten. Einige hieben mit Äxten auf ihn ein, andere sägten ziellos an ihm herum.

«Sie äffen nur die Menschen nach», brummte Pyecraft. «Haben nicht genug Verstand, Werkzeuge sinnvoll zu gebrauchen.»

«Trotzdem ist mir das alles unheimlich», fand Betty. «Sie suchen etwas. Und wenn sie lange genug suchen, werden sie es auch finden. Der Neandertaler war ihnen auch nicht sehr weit überlegen, als er die Steinaxt erfand. Seht euch mal den Großen da an. Das scheint der Anführer zu sein. Wie er die anderen herumkommandiert! Hier haben wir bereits die Anfänge des kapitalistischen Systems: eine herrschende Klasse. Hui, was für ein riesenhaftes Vieh! Ein Glück, daß ich jetzt nicht da unten bin.» Sie schauderte.

«Seht euch das an», sagte Neill. «‹Scheint es gleich wirr, so hat es doch Methode.› Frei nach Shakespeare. Ich glaube, sie machen ein Boot. Warum würde der Bursche da sonst mit der Axt den Baum aushöhlen? Fliegen wir weiter und sehen, was die anderen machen. Später können wir zurückkommen und feststellen, was aus dem Baum geworden ist.»

Sie flogen weiter und sahen bald eine Gruppe, die versuchte, aus Ästen ein Haus zu bauen. Ein Affenjunges saß auf der Erde und zündete Streichhölzer an.

«Sie haben das Feuer entdeckt», rief Bunny. «Das wird ihnen aber auch nicht weiterhelfen. Wenn die Streichhölzer alle sind, werden sie nicht wissen, wie man neue herstellt. Und dieser Kindskopf hockt herum und verschwendet Streichhölzer. Sie haben das Feuer wohl doch noch nicht entdeckt. Hoppla!»

Die Ursache dieses Ausrufs war ein plötzliches Aufflammen. Ein Streichholz, achtlos beiseite geworfen, hatte das trockene Gras entzündet. Die Gorillas heulten erschreckt und hangelten sich an Ästen empor. Ein großer Affe allerdings sprang wieder zu Boden und schlug mit einem Palmwedel auf die Flammen ein.

«Gar nicht so dumm», sagte Neill. «Hört auf mich: Die Affen werden die Welt erobern. Es sei denn ...»

«Es sei denn was?»

«Es sei denn, wir kämen ihnen zuvor.»

«Wir können sie ganz leicht ausrotten», schlug Robert vor. «In Europa haben wir genügend Bomben, um jeden einzelnen Affen der Welt von der Landkarte zu fegen.»

«Eingebildete Neidhammel», tadelte Pyecraft. «Selbst haben wir nicht den Grips, eine Zivilisation auf die Beine zu stellen, und andere wollt ihr auch nicht ran lassen. Ich finde, wir sollten mit vereinten Kräften zuschlagen.»

«Vereint mit Affen?» japste David.

«Warum nicht? Wir könnten ihnen einiges beibringen.»

«Die bringen uns höchstens um», bibberte Betty. «Buh! Die reißen uns in schmale Streifen. Schnell etwas höher. Für meinen Geschmack sind wir zu nah dran.» Sie betätigte das Höhenruder. Nichts geschah.

«Uns geht das Helium aus», stöhnte Pyecraft. Er wurde bleich. «Wir sinken!»

FORTSETZUNG FOLGT

Kommentar

«Hui!» Robert pfiff durch die Zähne. «Es wird ja langsam aufregend. Aber in Wirklichkeit könnten Affen so was natürlich nie schaffen.»

«Das Schlimmste an Neills Geschichten ist, daß er immer aus anderen Geschichten klaut», meinte Betty. «Jetzt klaut er aus ‹Tarzan›.»

«Ach ja?» sagte ich. «Was wißt ihr denn schon von Tarzan? Wollt ihr etwa behaupten, daß das auch eine Geschichte über euch und eine neue Zivilisation war? Ich habe es langsam satt, Perlen vor die Säue zu werfen.»

«Perlen», kicherte Jean. «Eicheln. Wenn überhaupt.»

«Wie ich den Bomber eingeflogen habe, das war gut», schwärmte Bunny. «Dadurch wirkte es ganz realistisch.» Ich zog die Augenbrauen hoch, und er verstummte. «Ich könnte ganz leicht ein Flugzeug fliegen», sprach er dann weiter. «Aber ich finde, Betty oder Gordon hätten abstürzen sollen. Einen Looping könnten die nie fliegen, jedenfalls nicht, was ich unter einem Looping verstehe.»

«Jetzt können wir nie mehr nach Summerhill zurück», sinnierte Evelyn. «Wir können ja das zerbrochene Helium nicht reparieren.» Die Jungens lachten boshaft.

«Helium», erläuterte Gordon, «ist ein Gas. Man bekommt es nur in Amerika, und deshalb können wir nie wieder mit dem Luftschiff fliegen.»

«Außer du gehst nach Amerika und bringst einen Reservekanister voll Helium mit», bemerkte ich spitz.

«Auf jeden Fall war es dumm, das Zeug zu verlieren», sagte Jean. «Jetzt sitzen wir bei den Affen. Wie sollen wir da je wieder wegkommen?»

«Du könntest einen heiraten und dich in Kenia niederlassen», schlug ich vor.

«Kenia?» fragte Michael. «Bist du sicher, daß es in Kenia Menschenaffen gibt?»

Ich war ganz und gar nicht sicher. «Natürlich», sagte ich

schnell. «Drei ehemalige Schüler von mir sind nach Kenia ausgewandert.»

«Dies unbestritten», gab Michael zu. «Aber bist du sicher, daß es außer den dreien noch andere Affen in Kenia gibt? Und weißt du überhaupt, was ein Menschenaffe ist?»

Die Unterhaltung geriet in gefährliche Bahnen. Ich versuchte also, die Kinder mit Hilfe des bekannten Witzes von dem Musiker und dem Gorilla abzulenken.

Bill Murray war ein stellungsloser Saxophonist. Er konnte ums Verrecken keinen neuen Posten finden, und als ihm ein Freund, ein Zoo-Direktor, einen Job anbot, nahm er dankbar an.

«Die Sache ist ganz einfach», sagte sein Freund, der Zoo-Direktor. «Neulich ist unser Gorilla gestorben. Die Kinder hingen sehr an ihm. Wenn ich jetzt keinen neuen Gorilla anbieten kann, ist der Ofen aus. Hier, probier mal das Gorillafell über. Na, prima. Jetzt geh in deinen Käfig und benimm dich ganz natürlich, wie ein Gorilla.»

Der stellungslose Musiker aß Bananen, machte Faxen, kratzte sich am Bauch und benahm sich ganz natürlich, wie ein Gorilla. Bald liebten ihn alle Kinder. Und schließlich konnte er sogar von Ast zu Ast hüpfen.

Eines Tages wurde er zu übermütig. Ein Ast brach, und Bill Murray fiel – in den Löwenkäfig nebenan. Der Löwe näherte sich wütend. Bill war gelähmt vor Angst. Jetzt war der Löwe nur noch zwei Meter von ihm entfernt.

Gefaßt erwartete Bill seinen Tod. Da hörte er den Löwen knurren: «Raus hier! Ich spiele selber Saxophon.»

Achtes Kapitel

Es gelang Betty, um die Urwaldwipfel herumzusteuern, und das Luftschiff landete auf einer Lichtung. Die Affen stoben nach allen Seiten davon, spähten dann aber verstohlen durchs Gebüsch. Die Luftschiffer hatten beträchtliche Angst: Die Mädchen kreischten; die Jungens weinten; Pyecraft war dem Zusammenbruch nahe; Sargnagel fingerte an seinen Revolvern herum; Fritz barg den Kopf in den Händen. Nur Neill bewahrte einigermaßen die Ruhe.

«Alle mal herhören», gebot er. «Es ist viel Mist über wilde Tiere verbreitet worden. Wilde Tiere werden nur wild, wenn sie von Menschen angegriffen oder gejagt werden. Tiger und Löwen sind weder wild noch grausam; sie können auch nichts dafür, daß Mutter Natur sie als Fleischfresser erschaffen hat. Affen dagegen fressen kein Fleisch, sie sind Vegetarier. Sie werden uns bestimmt nichts tun.»

«Hast du's denn schon mal mit einem Gorilla zu tun gehabt?» stammelte David.

«Nein.»

«Dann hast du sowieso keine Ahnung.»

«Richtig», sagte Neill geduldig. «Ich habe mich mit Affen noch nicht näher befaßt. Ich besitze jedoch analoge Erfahrungen. In Summerhill habe ich mich notgedrungen lange genug mit der schwanzlosen Gattung der *simiidae* beschäftigt und . . .»

«Jetzt ist nicht die Zeit für faule Witze», unterbrach Bunny barsch. «Wir sitzen in der Falle. Statt dummes Zeug zu quatschen, solltest du uns lieber sagen, wie wir hier wegkommen.»

«Öffne die Tür und geh hinaus. Sie sind bestimmt friedlich, wenn wir sie nicht mit Flinten und so weiter bedrohen. Vielleicht erkennen sie sogar einen von euch Neunmalklugen als ihren Führer an. Achtung, der König kommt.» Neill zeigte auf einen riesigen Zottelaffen, der herrisch herangewatschelt kam.

In sicherer Entfernung folgten ihm die anderen Affen. Der König blieb stehen und glotzte auf das Luftschiff. Dann betatschte er es mit seinen Händen. Durch ein Bullauge schaute er herein und erblickte plötzlich Roberts Gesicht. Er schrak zurück, aber als Robert die klägliche Imitation eines Lächelns zustande brachte, kam der Affe wieder näher.

«Sieht fast so aus, als grinste das Scheusal», flüsterte Neill.

«Ich grinse *nicht*», ärgerte sich Robert. «Im Gegenteil, mir ist kotzübel. Was für eine häßliche Visage!»

Sargnagel zielte mit einer Fünfundvierziger auf den Gorilla. «Ich puste ihn um.»

Pyecraft legte ihm sanft die Hand auf den Arm. «Wenn Sie ihn umpusten, machen wir uns die Affen zu Feinden. Da wir hier festsitzen, sollten wir uns lieber mit ihnen anfreunden.»

Der Affenkönig war um das Luftschiff gewandert, hatte den Propeller erreicht und drehte voller Interesse daran. Dann gab er dem Propeller einen kräftigen Stoß, das Ding wirbelte herum, und einer der Propellerflügel haute dem Affen auf den Kopf. Der Gorilla wurde wütend und zerrte schäumend und brüllend an der Schraube. Michael betätigte den Starthebel, ob aus Versehen oder nicht, wußte er selbst nicht. Der Propeller drehte sich wie wild. Das machte den Affen nur noch wütender. Er griff an, und ein Propellerflügel säbelte ihm fein säuberlich den Kopf von den Schultern.

«Wie schade», meinte Neill. «Dies ist wahrscheinlich unser Todesurteil.»

Die anderen Affen, von dem Vorfall verwirrt, flohen auf die Bäume und starrten aufgeregt auf den geköpften Körper.

«Er war bestimmt ihr Anführer», sagte Michael beklommen. «Sie werden ihn rächen wollen, oder ... doch halt! Der jüngere Gorilla da ist heruntergeklettert und scheint den anderen etwas mitteilen zu wollen. Der wird der neue Führer.»

«In diesem Fall», meinte Bunny, «ist er vielleicht ganz froh, daß der Olle einen vor den Zahn gekriegt hat. Himmel noch mal, kannst du nicht endlich den Motor abstellen, Betty?»

Der Propeller hörte auf zu rotieren, und es herrschte Stille.

Dann drängten sich die Affen ums Luftschiff. Die mutigeren kletterten aufs Dach, und einer schaukelte sich behaglich in den Antennendrähten.

«Nun», ließ sich Neill vernehmen, «entweder bleiben wir hier drin und verhungern, oder wir gehen hinaus und versuchen unser Glück.»

«Nur zu, Neill», ermunterte ihn Robert. «Du hast dich doch so über die Friedfertigkeit von Affen ausgelassen.»

«Hört, hört!» riefen die anderen.

«Hab keine Angst», beruhigte ihn Jean. «Sie werden dich für einen der ihren halten, da du dich seit einem Monat nicht mehr rasiert hast.»

Neill belohnte den mageren Scherz mit einem dünnen Lächeln. «Ich glaube, so gut bin ich gar nicht, wenn es darum geht, Freundschaften zu schließen. Es müßte jemand sein, der den Affen entwicklungsgeschichtlich nähersteht, jemand, der ein bißchen singen und auf den Ästen herumhopsen kann. Ich bin alt und gebrechlich. Vielleicht sollte Pyecraft es versuchen: Er könnte sich von Ast zu Ast schwingen, der Ast würde natürlich brechen, und die Affen fänden es möglicherweise komisch, wie der alte Pyecraft auf die Nase fällt, und das würde die Affen unter Umständen fröhlich stimmen, so daß sie uns nichts tun.»

Pyecraft war anderer Meinung.

«Wie wär's mit einem der Mädchen?» schlug Neill vor. «Evelyn könnte diese Nummer sehr anmutig ausführen.»

«So kommst du uns nicht davon», beschied ihn Evelyn mit fester Stimme. «Steh zu deinen Überzeugungen.»

Also holte Neill tief Atem, öffnete die Tür und trat hinaus. Zu seiner Erleichterung bemerkte er, daß Sargnagel ihn vom Fenster her mit zwei Revolvern deckte. Neill trat einen Schritt vor, und die Affen, die sich im Halbkreis versammelt hatten, wichen zurück. Neill lächelte sie an, beziehungsweise machte eine Grimasse, die ein Lächeln darstellen sollte – ohne sichtbaren Erfolg. Dann nahm er eine affenartige Stellung ein: Er bückte sich, ließ die Hände auf der Erde schleifen, watschelte herum und gab, wie er glaubte, freundliche Geräusche von sich. Die Affen begannen untereinander zu schnattern.

Gordon schrie: «Mach der menschlichen Rasse keine Schande, Neill!»

Worüber die Affen schnatterten, ist nicht überliefert, aber plötzlich herrschte Totenstille. Der Anführer schlurfte vorsichtig näher und glubschte Neill unschlüssig an. Neill ließ sich auf alle viere nieder, kroch zu dem Affen und rieb sein Gesicht an der haarigen Affenhand. Eine Art Lächeln huschte über das Affengesicht. Das ließ Neill genug Mut schöpfen, um die Hand des Affen zu ergreifen und freundschaftlich zu schütteln. Der Affe grinste noch mehr. Fritz war so geistesgegenwärtig, Neill eine Banane hinzuwerfen, und der überreichte sie dem Affen. Der Affe fraß sie mit verklärtem Lächeln. Jetzt hatten die Kinder auch keine Angst mehr und kamen eines nach dem anderen heraus. Ringsum rieben sich aufgeregte Gesichter an haarigen Affenhänden. Pyecraft und Sargnagel waren im Luftschiff geblieben, bereit, sofort jeden Affen zu erschießen, der sich feindselig verhielt. Robert, David und Michael gingen noch einen Schritt weiter. Sie schwangen sich auf die Bäume und hangelten von Ast zu Ast. Die Affen schienen von diesem Tun entzückt und schlossen sich mit frohem Geschnatter an. Sie gluckten fröhlich, wenn einer der Jungen danebengriff und auf die Erde fiel.

Die menschliche Kleidung interessierte die Affen sehr. Immer wieder zupften sie daran. Einige sammelten Blätter, um sich daraus ebenfalls ein Kleidungsstück zu basteln. Michael hatte eine gute Idee: Aus dem Luftschiff holte er Pyecrafts Zylinder und überreichte ihn dem Affenkönig. Der Affe grinste, als Michael ihm den Hut aufsetzte. Betty holte einen Spiegel. Als der Affe sein Ebenbild, gekrönt von einem hohen Hut, im Spiegel erblickte, floh er in panischer Angst. Betty ließ vor Schreck den Spiegel fallen, aber der Affe kam zurück, hob ihn auf und starrte lange hinein. Dann wurde er plötzlich wütend und schlug auf das Gesicht im Spiegel ein. Das Glas zersprang, und er glotzte dümmlich durch den leeren Rahmen.

Gordon schrie: «Mach der menschlichen Rasse keine Schande, Neill!»

«Diese Biester wollt ihr zivilisieren?» fragte Sargnagel spöttisch.

«Immerhin hat dieser Affe eine gewisse Intelligenz bewiesen», räumte Pyecraft ein. «Wenn ich so ein Gesicht hätte und es im Spiegel vor mir sähe, würde ich das verdammte Ding auch zerschmettern wollen.»

Die Luftschiffer gingen zum Mittagessen an Bord.

«Habt ihr gesehen, wie recht ich hatte?» frohlockte Neill. «Ich sagte euch doch, daß sie ganz zutraulich sein würden, wenn wir ihnen freundlich begegnen.»

«Ja», gab Robert zu, «aber was weiter? Wir können ihnen nicht helfen, eine neue Zivilisation zu gründen. Sie haben keinen Verstand.»

«Das ist noch nicht raus.»

«Die werden niemals zivilisiert! Kann mir vielleicht einer verraten, wie die jemals Bomben und Giftgas herstellen wollen?»

«Ich habe nicht gesagt, daß sie einen so hohen Grad an Zivilisation erreichen könnten, aber ich sehe nicht ein, warum sie es nicht bis zu einer milden Spielart des Kapitalismus bringen sollten. Zum Beispiel diese Führernatur da.»

«Auch der wird nie kultiviert sein», warf Betty ein. «Kannst du ihn dir als Musikliebhaber vorstellen – oder wie er ein Bild malt oder ein Buch liest?»

«Warum sollte er? Pyecraft war einer der größten Kapitalisten der Welt und versteht trotzdem nichts von Büchern, Musik und bildender Kunst. Für ihn ist Botticelli eine Käsesorte.»

«Na, na, ganz so ungebildet bin ich nicht», lachte Pyecraft. «Ich hatte jahrelang einige erstklassige Pullen von dem Stöffchen in meinem Weinkeller.»

«Ich finde, Betty hat recht», sagte Bunny. «Möglicherweise können wir ihnen beibringen, wie man ein Boot oder eine Blockhütte baut, vielleicht sogar, wie man über einem Feuer Essen kocht. Aber die Herstellung von Radios, Grammophonen und Autos oder auch Lesen und Schreiben können wir sie nicht lehren. Trotzdem, wir könnten ja mal 'ne Schule aufmachen, was?»

«Und Sargnagel bringt ihnen Englisch bei», kicherte Gordon.

«Halt die Fresse», grinste Sargnagel. «Schminkt euch die Masche mit der Bildung ab. Ihr könnt den Affen doch kein Moses lernen. Denen ihr Boss könnte nie im Leben 'ne Spritze Marke Thompson anständig bedienen oder einen Kripo-Specht auf eine Spazierfahrt mitnehmen.»

«Das Traurige ist», sagte Neill, «daß wir alle etwas anderes unter Zivilisation verstehen. Für Gordon ist es Oxford, für Sargnagel Chicago, für Pyecraft ein Geschäft, bei dem er kleine vierhundert Prozent Reingewinn macht, für Bunny eine Autofabrik. Ich bin dafür, das alles zu vergessen. Versuchen wir nicht, die Affen zu beeinflussen. Warten wir ab, wie weit sie ohne uns kommen.»

«Ich werde den alten einäugigen Kaffer im Auge behalten», knurrte Sargnagel. «Der gefällt mir gar nicht. Der hat so 'n komischen Schlitz auf der einen Optik. Schön ist das nicht.»

«Das habe ich auch bemerkt», schaltete sich Fritz ein. «Er war der einzige, der nicht mit uns Freundschaft geschlossen hat.»

«Geben Sie ihm einen vor den Hauer, Sargnagel», schlug Neill heiter vor.

Früh am nächsten Morgen wurden sie vom Geschnatter der Affen geweckt. Der Führer, Franz Josef (David hatte diesen Namen vorgeschlagen; einer seiner Freunde sah angeblich ähnlich aus), stand draußen und lächelte durch ein Fenster herein. Die Kinder gingen zu ihm nach draußen. Pyecraft hatte vorgeschlagen, ein Haus zu bauen, denn die Kabine des Luftschiffs wurde auf die Dauer ein bißchen eng. Sie machten sich daran, Bäume zu fällen. Die Affen schlossen sich an, und bald sägten sie besser als die Kinder. Sie waren stärker, und die Schrotsägen flitzten bei ihnen nur so hin und her.

Franz Josef schien das Amt des Vorarbeiters innezuhaben: er schrie die anderen an, und wenn sie abschlafften, hagelte es Kopfnüsse. Er selbst rührte kein Werkzeug an. Einauge saß dabei und sah sich alles an. Die Kinder bemerkten, daß Franz Josef ihn nicht zum Arbeiten antrieb.

«Vor Einauge hat er Manschetten», kommentierte Sargnagel.

Es war sonnenklar, daß Einauge etwas gegen Franz Josefs Führerrolle hatte.

«Wetten, daß es zwischen den beiden bald zur Keilerei kommt?» sagte Robert.

Zuerst ging die Arbeit zügig voran. Die Jungens brachten die Affen dazu, die Baumstämme richtig hinzulegen; sie selbst nagelten sie dann zusammen. Bald war Franz Josef eingeschlafen: die anderen Affen verloren die Lust und verdrückten sich.

«Hoffnungslos!» grollte David.

«Keine Spur», widersprach Neill. «Genau wie normale Straßenbauarbeiter. Wir hätten ihnen Schaufeln zum Drauflehnen geben sollen.»

Gegen Abend hatte das Haus eine Höhe von etwa einem Meter achtzig erreicht. Als die Kinder am anderen Morgen aufwachten, sahen sie zu ihrem Erstaunen, daß Einauge die Sache in die Hand genommen hatte. Die Affen hatten das Ganze auseinandergenommen und zersägten die Balken zu Kleinholz. Zwei Gorillas mühten sich, ein Brecheisen durchzusägen. Es war offenkundig, daß die Affen Sinn und Wert der Arbeit nicht begriffen.

«Ihr könnt mir nicht erzählen, daß diese Tränen wissen, was sie tun», meinte Sargnagel. «Wo ist eigentlich Franz Josef?»

Sie fanden Franz Josef im Wald. Sein Tod mußte furchtbar gewesen sein. Man hatte ihn buchstäblich in Stücke gerissen. Den Kindern schauderte bei dem Anblick, und Entsetzen wehte sie an. Sie rannten so schnell wie möglich zum Luftschiff zurück. Noch während sie rannten, schwang sich Einauge von einem Baum herab, packte Jean und verschwand mit ihr im Dschungel. Ihr angstvoller Schrei ließ den Kindern das Blut in den Adern gerinnen. Die Lage war äußerst ernst. Niemand würde zu Fuß mit einem Gorilla Schritt halten können, der sich von Ast zu Ast schwang. Sargnagel feuerte hinter ihm her, verfehlte ihn aber. Sie gaben die Hoffnung auf, Jean vor einem grauenvollen Tode bewahren zu können. Sargnagel jedoch hatte sofort mit kundigem Blick bemerkt, daß Einauge nicht in eine bestimmte Richtung floh, sondern sich im Kreise bewegte. Sargnagel kämpfte sich durch den Wald, um dem Gorilla den Weg abzuschneiden. Die anderen folgten, doch Sargnagel hatte sie bald abgehängt. Sie stolperten hinter ihm her, und der Knall eines Schusses beflügelte ihre Schritte. Sie erreichten eine Lichtung und blieben wie vom Donner gerührt stehen. Sargnagel hatte Einauge am rechten Arm erwischt. Einauge war zu Boden gefallen, hielt aber Jean nach wie vor mit der linken Pranke fest. Jean schien bewußtlos zu sein. Dann ließ Einauge sie fallen und stürzte sich auf Sargnagel. Sargnagels Pistole brüllte auf, und der Gorilla taumelte zurück. Blut sprudelte aus seinem Nacken. Wieder drückte Sargnagel ab, aber die Waffe hatte Ladehemmung. Bevor er noch seinen zweiten Revolver ziehen konnte, war der Affe über ihm und krallte sich mit der Linken in seinem Gesicht fest. Sargnagel hieb ihm die Pistole auf den Kopf. Der Affe war außer sich vor Wut. Die Jungens sprangen herbei, aber bevor sie die Kämpfenden erreicht hatten, fetzte Einauge einen mächtigen Schlag durch Sargnagels Gesicht. Sargnagel ging zu Boden. Robert schoß dem Gorilla mitten ins Herz. Der Gorilla sackte in sich zusammen. Sie wollten sich um Sargnagel kümmern, aber mit ihm schien es zu Ende zu gehen.

«Oh, Sargnagel!» heulte Betty. Sie sank neben ihm in den Staub und bettete seinen grausam zugerichteten Kopf in ihren Schoß.

Er blickte auf, und ein schwaches Lächeln spielte um seine Lippen.

«Ist die Pfanne in Sicherheit?» flüsterte er. Die Kinder beruhigten ihn, Jean sei wohlauf, und Erleichterung spiegelte sich in seinen Augen. «Komisch», murmelte er mühsam, «komisch. Wißt ihr noch, wie ich euch von dem Kunden mit dem einen Auge erzählt habe? Beim Pokern? Komisch, daß wieder ein Einauge dabei ist und diesmal schneller zieht als ich. Ich kriege wohl nur, was ich bestellt habe. Ihr wart ein dufter Laden. Ich wär gern noch ein bißchen geblieben.»

«Du hast mir das Leben gerettet», schluchzte Jean und überschüttete sein arg mitgenommenes Gesicht mit Küssen.

Tränen schossen ihm in die Augen. «Bei Kindern werde ich immer lasch», stammelte er. «Aber was ein richtiger Revolvermann ist, der pustet keinen um, noch nicht mal einen Gorilla, wenn er dafür nicht mindestens zwei Riesen beschäumen kann.» Sargnagel lächelte. Und lächelnd starb er.

Sie begruben ihn an Ort und Stelle und überhäuften sein Grab verschwenderisch mit tropischen Blumen.

«Pirrolo hätte ihm auch keine bessere Beerdigung spendieren können», sagte David und drückte damit aus, was alle fühlten.

Sargnagels Tod war ein schwerer Schlag. Den Kindern wurde klar, wie sehr sie diesen einfachen Gangster geliebt hatten. Außerdem merkten sie, daß sie ihren besten Beschützer verloren hatten: Sargnagel hatte keine Furcht gekannt.

Wenn sie an die Zukunft dachten, beschlich sie Verzweiflung, denn ihre Lage sah alles andere als rosig aus. Inmitten unberechenbarer Menschenaffen gestrandet – Menschenaffen, die jetzt führerlos waren –, graute ihnen vor den kommenden Ereignissen.

«Vielleicht finden sie wieder einen Führer wie Einauge», meinte Gordon.

Die Frage nach der Führung stellte sich nur allzu bald. Am nächsten Morgen wurden sie durch aufgeregtes Geschnatter geweckt. Sie rieben sich die Augen und sahen, daß sich alle Affen in einem großen Kreis niedergelassen hatten. Im Zentrum des Kreises standen zwei Gorillas. Sie belauerten einander, um einen tödlichen Griff landen zu können. Der Kampf war lang und grausam. Als der Kampf entschieden war, hatte der ältere Affe gewonnen. Sein Widersacher blieb reglos liegen.

«Der neue Führer sieht ein bißchen wie mein Freund Roger aus», sagte Betty, und man taufte ihn Roger.

Rogers erste Amtshandlung nach dem Tode des Rivalen bestand darin, daß er eine Säge über seinem Knie zerbrach. Dieser symbolische Akt machte den Kindern klar, daß jede Annäherung zwecklos war.

«Wir können nur noch fliehen», grübelte Neill. «Aber wie? Eins ist sicher: Wir müssen versuchen, zur Ostküste vorzustoßen.»

«So weit kann ich nicht zu Fuß gehen», seufzte Pyecraft traurig.

Michael zeigte auf die Affenhorde, die sich um das Luftschiff versammelt hatte, und erklärte: «Zu Fuß kommt keiner von uns so weit.»

Die Affen waren aufgeregt. Einige von ihnen bewarfen das Luftschiff mit Steinen.

«Sie werden uns angreifen», sagte Robert, als ein großer Stein durchs Kabinenfenster krachte.

Es gab keinen anderen Ausweg, als die Affen zu töten. Die Kinder mordeten ungern, aber sie wußten, daß ihr Leben davon abhing, diese Affenbande auszuradieren. Sie taten es widerwillig, aber sie taten es. Sie mähten sie einfach mit den Maschinengewehren nieder.

«In dieser blutverschmierten Umgebung können wir nicht bleiben», stellte Bunny sachlich fest. «Wir sollten packen und abhauen.»

Man bereitete sich auf die gefährliche Reise vor.

«Wir dürfen nur das Nötigste mitnehmen», riet Robert, und alle wußten, daß er damit Revolver, Maschinenpistolen, Dolche und Patronen meinte. Sie hatten fünf Maschinenpistolen, und jeder der Jungens nahm eine. Die Mädchen behängten sich mit den Revolvern und Dolchen; Fritz und Pyecraft schleppten die Patronen; Neill trug die Landkarte und den Kompaß.

Sie schätzten die Entfernung bis zur Ostküste auf etwa fünfhundert Kilometer. Was sie aber tun sollten, falls sie die Küste erreichten, wagten sie nicht einmal zu überlegen. Manchmal stießen sie auf Menschenaffen, die meistens sofort davonliefen. Ein- oder zweimal jedoch mußten sie sich ihren Weg freischießen. So erreichten sie den anfangs erwähnten Baumstamm. Die

Affen schienen ihn wirklich zu einer Art Boot verarbeitet zu haben, das sie dann aber wieder zersägt hatten.

Also sprach Neill: «Eine dumpfe Intelligenz versucht hier unbeholfen, sich auszudrücken. In zehntausend Jahren werden sie die entwicklungsgeschichtliche Stufe des Steinzeitmenschen erreicht haben.»

Pyecrafts Befinden bereitete ihnen Sorgen. Die ungewohnte körperliche Anstrengung hatte nicht den erwarteten Effekt auf seine Körperfülle. Er schien sogar noch dicker zu werden. Das Herz machte ihm zu schaffen, und alle mußten seinetwegen langsamer gehen.

«Wartet nicht auf mich», sagte er immer wieder. «Ich bin unwichtig. Die Welt gehört der Jugend. Laßt mich, wo ich bin. Geht weiter – zur Küste.»

Michael machte sich erbötig, ihn zu tragen. Er wußte nur zu gut, daß Pyecraft ein solches Angebot nie annehmen würde.

Eines Tages stießen sie auf eine Kaffeefarm. Zum allgemeinen Erstaunen stellte sich heraus, daß es die Farm von Patrick und Joey Townshend war, zwei ehemaligen Summerhill-Schülern, die geheiratet hatten.

«Nanu? Pat?» rief Neill. Gleich entschuldigte er sich bei der Statue. «Macht nichts. Es ist immer schön, bei Freunden zu sein, selbst wenn sie ein bißchen steif sind. Wo ist denn Joey?» Joey war in der Badewanne.

«Was für herrliche Rundungen!» schwärmte Pyecraft.

«Das einzig Runde in diesem Badezimmer sind Sie», sagte David.

Sie verbrachten einige sorglose Tage bei den Townshends. Sie holten Joey aus der Badewanne, zogen sie an und stellten die jungen Eheleute zu beiden Seiten des Kamins in Positur, «um das Haus ein wenig häuslicher zu gestalten», wie Evelyn sagte.

«Wie traurig», bemerkte Neill düster. «Aber noch ist nicht alles verloren», rief er dann, und seine Züge erhellten sich, als er ein Patent-Taschenmesser entdeckte, das er Pat einst geliehen hatte.

«Wäre es nicht merkwürdig», fragte sich Betty, «wenn all die versteinerten Leute noch denken und hören könnten? Vielleicht verstehen Pat und Joey uns.»

«Das will ich nicht hoffen», platzte Jean heraus. Sie hatte sich im Flüsterton mit Evelyn über Joey unterhalten.

Es war etwas unangenehm, am Abendbrottisch zu sitzen, während Gastgeber und Gastgeberin noch standen.

«Sollten wir sie nicht bitten, Platz zu nehmen?» fragte Bunny.

Bald mußten sie jedoch weiter. Sie bereiteten sich auf den Aufbruch vor. Robert bestand darauf, Pat zum Abschied die Hand zu schütteln, obwohl man ihm gesagt hatte, daß der Arm wahrscheinlich dabei abgehen würde. So geschah es auch, und Robert beschloß, den Arm nach England mitzunehmen, um ihn Pats Vater zu schenken. Dann fiel ihm ein, daß Pats Vater ja auch versteinert war, und er warf den Arm in einen Bewässerungsgraben.

Es ist zwecklos, die vielfältigen Abenteuer erzählen zu wollen, die sich auf dem Weg zur Küste zutrugen. Nur soviel sei hier gesagt: Man erreichte die Küste, müde und fußkrank. Pyecraft hatte die Strapazen besser als erwartet überstanden. Glücklicherweise befand sich ein Hafen nebst einigen größeren Schiffen gleich in der Nähe. Sie besetzten ein britisches Torpedoboot und warfen die Mannschaft über Bord.

«Jetzt nach Aden», meinte Robert. «Rotes Meer, Suez, Gibraltar.»

«Moment», sagte Michael. «Im Suezkanal gibt es doch Schleusen. Wir müssen um das Kap der Guten Hoffnung fahren.»

Über Schleusen wußte keiner etwas Näheres, und Davids Versicherung, er habe schon so dies und das durchgeschleust, wurde mit Recht als unsachlich zurückgewiesen. Alle einigten sich darauf, die Route ums Kap zu nehmen, zumal Neill früher schon einmal in Südafrika gewesen war und behauptete, er kenne jeden Zentimeter dieser Strecke. Das Torpedoboot wurde mit Öl betrieben; dadurch entfiel das Problem des Schürens – sehr zur Erleichterung aller Beteiligten.

Neill wurde zum Kapitän gewählt. Er zog sich eine Marineuniform an und sah richtig gut aus. Die anderen nahmen sich Offiziersuniformen.

Neill war entrüstet: «Wie kann ich lauter Leutnants, Kommandanten und Admirälen den Befehl geben, das Deck zu schrubben?»

Aber die Mannschaft weigerte sich, die Ränge aufzugeben. Neill saß eine halbe Stunde lang in seiner Kabine und studierte Navigation. Als er damit fertig war, gab er dem Ersten Ingenieur, Korvettenkapitän Gordon, den Befehl: «Volle Fahrt achteraus!» . . . KRABUM!

Glücklicherweise lag noch ein anderes britisches Torpedoboot im Hafen vor Anker. Dorthin schwammen sie. Wieder studierte Neill eine halbe Stunde lang Navigation. Mit Hilfe von vier Bugsierschiffen gelang es ihm, das Schiff aus dem Hafen zu manövrieren. Einmal auf offener See, fand er, könne er nicht mehr viel Schaden anrichten, gleichgültig, welche Befehle er dem Maschinenraum erteilte. Bald machten sie ruhige Fahrt südwärts. Achtern hatten die Jungens die vier Bugsierschiffe vertäut, für den Fall, daß etwas Unvorhergesehenes eintreten sollte.

In verhältnismäßig kurzer Zeit erreichten sie Durban, und ein paar Tage später gingen sie in Kapstadt vor Anker. Zwei Tage hinter Kapstadt brach die Meuterei los. Neill hatte David befohlen, das «Binnacle zu verboxen», und David hatte etwas dagegen gehabt.

Der Kapitän wurde ungehalten. «Befehl ist Befehl», donnerte er, «und muß ausgeführt werden!»

«In Ordnung», antwortete David ungerührt. «Wenn du mir sagst, was und wo ein ‹Binnacle› ist, verboxe ich es gern.»

An dieser Stelle fluchte Kapitän Neill eine halbe Stunde lang, ohne sich zu wiederholen. «Mit blutigen Landratten habe ich es zu tun», schrie er dann, «und von Schiffen habt ihr keinen blassen Schimmer!»

Robert hatte sich inzwischen ein Wörterbuch der Seemannssprache (Englisch-Deutsch) aus der Bootsmannskoje besorgt.

«‹Binnacle, sächlich›», las er, «‹die Kompaßhaube, das Kompaßhäuschen, Nachthaus. Die Box, in der der Kompaß aufbewahrt wird.› Wie zum Teufel soll David eine Box verboxen?»

«Das ist die Sprache von Meuterern!» schrie der Kapitän. «Tritt hervor, du Abschaum! Nein, nicht du. Du bist gemeint, David. Wirst du jetzt das Binnacle verboxen, oder wirst du jetzt das Binnacle nicht verboxen?»

«Ich werd's versuchen», grinste David und verpaßte dem Binnacle eine linke Gerade, die er mit einem rechten Haken gekonnt abzublocken verstand. Der Kompaß hörte auf zu funktionieren und fing auch nie wieder an.

«Du Narr!» röhrte der Kapitän.

David salutierte. «Befehl ausgeführt, Sir.»

Die Mannschaft beriet sich.

«Ohne Kompaß kann er das Schiff nicht steuern», sagte David. «Ich bin dafür, ihn loszuwerden und einen neuen Kapitän anzuschaffen.»

Einstimmig angenommen. Robert und Bunny wurden losgeschickt, um mit dem Kapitän zu verhandeln.

«Wir haben Gordon zum Kapitän gewählt», verkündeten sie.

Neill lächelte häßlich. «Interessant», brummte er, öffnete eine Schublade und zog einen Revolver hervor. «Das ist eine Meuterei, und auf hoher See bestraft man Meuterer mit dem Tode. Ich bin und bleibe Kapitän dieses Schiffes.»

«Warum fährst du dann nicht geradeaus? Seit drei Stunden fahren wir im Kreis!»

«Unverschämte Flegel! Hinaus mit euch!»

Sie meldeten die Vorfälle dem Schiffs-Sowjet.

Jean schlug vor: «Machen wir einen Bummelstreik!» Sie machten einen Bummelstreik.

Neill spielte den Steuermann, aber er mußte auch mal schlafen, und all sein Rufen lockte niemanden an Deck. Nach vierzehn Stunden band er die Ruderpinne fest, so daß das Schiff im Kreis fuhr, und schlief ein.

FORTSETZUNG FOLGT

Kommentar

Michael: «Mit der Affenzivilisation hat es also nicht geklappt? Daß Affen Bäume zersägen können, hätte ich sowieso nie geglaubt.»

Betty: «Sargnagel hätte nicht sterben dürfen. Er war ein netter Verbrecher.»

David: «Seht ihr denn nicht ein, daß die anderen Männer auch noch sterben müssen? Fritz, Pyecraft und Neill, sie alle müssen sterben.»

Ich: «Warum?»

David: «Weil ihr zu nichts nütze seid. Die Welt gehört der Jugend.»

Ich: «Aber wie soll ich die Geschichte zu Ende erzählen, wenn ich auch sterbe?»

Jean: «Wir können Spiritisten werden. Dann kann dein Geist zurückkommen und uns die Geschichte zu Ende erzählen. Mach doch alle steinernen Leute zu Gespenstern. Dann kämpfen wir gegen die.»

Gordon: «Ich glaube, in deiner Geschichte ist ein großer Fehler. Hunderte müßten in U-Booten überlebt haben. Die grüne Wolke konnte ihnen nichts anhaben.»

Ich: «Ja. Zweifellos eine reizvolle Theorie. Allerdings zeigt sich hier abermals eure Unwissenheit, was die Naturwissenschaften betrifft. Die in Frage stehende Wolke setzte sich hauptsächlich aus den Komponenten $SiF_2(CN)_2$ *und dem* H_2O *des Meeres zusammen. Hieraus entstanden die Derivate HF und HCN, die viel gefährlicher sind als alles andere und wegen des gleichfalls freiwerdenden* SiO_2 *nahezu jedes feuchtigkeitshaltige Gewebe versteinerten, mit dem sie in Berührung kamen.»*

Bunny: «Eine solche Formel gibt es gar nicht.»

Ich (die Unterbrechung ignorierend): «Folglich fanden die U-Boot-Mannschaften einen tiefhängenden Nebel vor, als sie auftauchten, welcher sie umgehend versteinerte.»

Robert: «Alle? Könnte nicht wenigstens ein U-Boot von,

na, sagen wir mal, Franco lange genug unten geblieben sein, bis der Nebel sich verzogen hatte?»

Ich: «Wenn ich es recht bedenke, hat, glaube ich, eins von Francos U-Booten überlebt.»

Alle: «Gut!»

Betty (lachend): «Du hast dich noch immer nicht dafür gerächt, daß ich das Weiße Rössel angezündet habe.»

Ich (sanft): «Noch ist die Geschichte nicht zu Ende.»

Michael: «In der Geschichte ist aber auch nicht annähernd genug Blutvergießen. Warum mußten wir auf dem Weg zur Küste nicht ständig mit Löwen kämpfen? Daß wir die Gorillas mit dem Maschinengewehr so einfach niedergemäht haben, war auch zu leicht. Ich möchte Kämpfe, von Mann zu Mann, mit der Axt oder dem Schwert. Ich hoffe nur, daß Francos U-Boot unser Torpedoboot angreift.»

David: «Nur wenn ich Kapitän bin. ‹Verboxe das Binnacle!› Du verstehst nichts von der Seefahrt, Neill. Du darfst den Kompaß verboxen.»

Ich: «Was heißt das?»

David (aufgebracht): «Nun, das heißt, daß man es wieder zumacht, wenn man es benutzt hat. Du solltest kein Seemannsgarn spinnen, wenn du keine Ahnung hast. Was ist zum Beispiel das Wichtigste an einem Hafen?»

Ich (hastig): «Darüber möchte ich nicht in Gegenwart von Kindern sprechen.»

Die Jungen verlassen murrend den Raum.

Die Mädchen bleiben.

Betty (errötend): «Aber eine echte Liebesgeschichte war das nicht.»

Ich: «Aber ein bißchen verliebt warst du doch in Sargnagel?»

Betty: «Ich mochte ihn, aber Liebe war es nicht. Man kann sich nicht in einen Mann aus einer Geschichte verlieben. Jedenfalls hätte er nicht sterben sollen, als er Jean rettete.»

Jean (eingeschnappt): «Warum nicht?»

Betty: «Ich weiß nicht. Es sieht nur dumm aus, wenn ein Mann für ein Kind wie dich stirbt. Wenn im Kino jemand stirbt, dann ist das immer wegen einer Frau in seinem Alter. Und danach heiratet sie nicht mehr, sondern sie wird alt und kuckt sich jeden Tag sein Foto an.»

Jean (verächtlich): «Alles Gefühlsduselei. Und Eifersucht. Wenn ich so ein Gesicht hätte wie ...»

Ich: «Auseinander, auseinander! Die Sitzung ist geschlossen!»

Neuntes Kapitel

Während Kapitän Neill schlief, wurde er ergriffen und in Eisen gelegt. Michael wurde zum Kapitän gewählt und legte nach den Sternen einen Kurs fest, der, wäre er eingehalten worden, das Schiff zur Nordostküste Südamerikas – genau zwischen Orinoco und Panama – geführt hätte. Als Kapstadt wieder in Sicht kam, erklärte Kapitän Michael seiner empörten Mannschaft hastig, er sei umgekehrt, um Öl zu tanken.

«Aber mit dem Öl, das wir haben, wären wir mindestens bis Madeira gekommen», murrte Pyecraft. «Warum bist du nach Süden zurückgefahren?»

Es stellte sich heraus, daß Michael nicht bedacht hatte, daß sie sich südlich des Äquators befanden. Infolgedessen hatte er das Kreuz des Südens für den Großen Bären gehalten.

Gordon wurde Kapitän. Er brachte sie sicher nach Ceylon, und Evelyn bekam seinen Posten.

«Die Lotterie- oder Experimentiermethode», seufzte Pyecraft matt, nachdem sie in Rio de Janeiro, Hongkong und bei den Donnerstaginseln gelandet waren, «muß uns zwangsläufig irgendwann auch nach Europa führen.» Das stimmte. Eines Morgens kam der Felsen von Gibraltar in Sicht. Da sie ihrer Sache nicht ganz sicher waren, schleppten sie Neill mitsamt seinen Eisen an Deck. Er identifizierte den Felsen, weil er schon einmal auf Gibraltar gewesen war.

Die Biskaya war wie üblich recht stürmisch, und unsere ungeübten Seefahrer hatten eine schlimme Zeit.

«Merkwürdig», sagte David, «am ersten Tag einer Seereise fürchtet man, das Schiff könnte untergehen. Danach fürchtet man nur noch, es könnte nicht untergehen.»

«Ist das von dir?» fragte Pyecraft.

«Natürlich. Warum?»

«Weil ich diese Bemerkung bereits im Jahre 1925 gemacht habe», sagte Pyecraft.

«Wollen Sie damit sagen», schaltete sich Michael ein, «daß Sie erst 1925 Mark Twain gelesen haben?»

Gordon stand auf der Kommandobrücke und rief Bunny zu sich.

«Siehst du das da drüben? Wenn ich nicht wüßte, daß wir die letzten Menschen sind, könnte ich schwören, daß es das Sehrohr eines U-Boots ist.»

«Vielleicht ist es das. Wahrscheinlich voller Steinmenschen. Wir können ja mal eine Salve drauf abfeuern, damit wir nicht aus der Übung kommen.»

«Laden – anlegen – zielen – Feuer!» Sechs Geschütze spien donnernd.

«Getroffen!» jubelte Gordon. «Mitten ins Sehrohr. Wollt ihr eine Blume oder einen Teddybären?»

Sie lachten noch über diesen Witz, als ein Torpedo das Schiff hinten (oder achtern) streifte. Verdutzt starrten sie das U-Boot an, das nun auftauchte. Auf dem U-Boot wurde die rot-gelb-rote Flagge der spanischen Faschisten gehißt. Dann sprach die Bordkanone und traf das Torpedoboot genau in der Mitte.

«Feuer!» brüllte Gordon, aber zu spät. Das U-Boot war wieder weggetaucht.

«Unterwasserbomben einsetzen!» röhrte Gordon. Keiner wußte, wo die Unterwasserbomben aufbewahrt wurden. Betty fand eine, aber das Ding explodierte nicht. Dafür explodierte Evelyn, als sie erfuhr, daß Betty ihren schönen Plumpudding auf den Grund der Biskaya geschossen hatte.

Inzwischen schrie Neill in seinem Kerker um Hilfe. Er hatte keine Ahnung, was los war. Evelyn stieg zu ihm hinunter und befreite ihn von seinen Eisen. Als sie deswegen von den anderen angefeindet wurde, erklärte sie, es sei absurd, in einer Notstandssituation wie der gegenwärtigen jemanden in Eisen zu legen. Pyecraft war derselben Meinung, und die anderen fügten sich widerwillig. Bunny murmelte enttäuscht etwas vor sich hin. Es hörte sich von weitem so an wie «die Planke hätte er verdient». Dazu muß man erwähnen, daß *‹Die Meuterei auf der Bounty›* Bunnys Lieblingsfilm war.

Jetzt mußte gehandelt werden.

«Wir müssen volle Fahrt voraus machen!» meinte Neill. «Wenn ich Kapitän wäre ...»

«Du bist aber nicht Kapitän», sagte Robert eisig. «Ich werde auf der Kommandobrücke bleiben, bis wir in Portsmouth sind.»

BUMMM!

Ein Torpedo traf den Maschinenraum. Das Schiff begann zu kentern. Sie hasteten zu den Rettungsbooten. In weniger als drei Minuten hatten sie ein Boot klargemacht. Nun saßen sie in der winzigen Nußschale, wurden hilflos herumgeworfen und hatten alle Hände voll zu tun, damit sie von dem Strudel, den das sinkende Torpedoboot machte, nicht in die Tiefe gerissen wurden.

Francos U-Boot tauchte auf und kam langsam auf sie zu. Pyecraft fragte die Mannschaft auf spanisch nach ihren weiteren Plänen, aber man verstand ihn nicht.

«Ich bin Italiener», sagte der Kapitän. «Meine Leute sind Deutsche. Warum haben Sie auf uns geschossen?»

Gordon erklärte, es sei ein Scherz gewesen; sie hätten nicht gewußt, daß lebende Menschen im U-Boot seien.

«Soso», meinte der Italiener argwöhnisch. «Auf welcher Seite stehen Sie?»

«Wie meinen Sie das?» fragte Michael.

«Auf welcher Seite haben Sie im spanischen Bürgerkrieg gekämpft?»

«Bei den Republikanern. Nieder mit dem Faschismus!» Michael konnte es nicht lassen.

«Also war es kein Scherz. Sie wollten uns vorsätzlich versenken.»

«Das nicht», sagte Michael wahrheitsgemäß und fügte tapfer hinzu: «Hätten wir aber gewußt, daß Sie ein Franco-Söldner sind, so hätten wir Sie natürlich sofort auf den Grund des Meeres geschickt.»

«Wie freundlich», höhnte der Italiener und gab seinen Männern einen kurzen Befehl. Das U-Boot nahm ihr Rettungsboot in Schlepptau und bugsierte es bis in den Hafen von Santander.

In Santander wurden sie ins Stadtgefängnis geworfen. Zwei Deutsche standen draußen Wache. Fritz unterhielt sich auf deutsch mit ihnen. Er erfuhr, daß der Kapitän ein gewisser Silvo war, einer der grausamsten Offiziere der faschistischen Truppen. Neill hatte das ‹*Spanische Vermächtnis*› gelesen und zitterte vor Angst wie ein Schneider. Er bat Silvo um eine vertrauliche Unterredung, und sie wurde ihm gewährt.

«Seien Sie doch vernünftig», beschwor Neill den Offizier. «Warum halten Sie uns gefangen? Wir wollen nicht mit Ihnen kämpfen. Wir wollen nur nach England zurück. Von uns aus können Sie ganz Spanien und ganz Europa behalten.»

Silvo lächelte zynisch. «Und Ihnen sollen wir England überlassen? Ihre jungen Leute gehen nach England zurück, wachsen heran und zeugen Kinder und Kindeskinder, während wir, die wir keine Frauen haben, aussterben? *No, signore, no.* Meinetwegen können die Männer und Knaben nach England, aber die Mädchen bleiben hier. Spanien darf nicht untergehen!»

Neill berichtete von der Unterhaltung, und die Jungens waren sofort einverstanden.

«Ich dachte schon, Silvo würde Schwierigkeiten machen», seufzte David erleichtert. «Brauchen wir die Mädchen etwa, Freunde?»

Die Jungens waren einstimmig der Meinung, daß sie die Mädchen nicht brauchten.

Fritz hingegen warf ein, das alles sei ja schön und gut, wie aber dächten die jungen Damen darüber? Wären sie notfalls bereit, hierzubleiben und später diese Ausländer zu heiraten? Evelyn meinte, ihr würde das nicht viel ausmachen, aber Betty und Jean waren wütend über den, wie sie es nannten, Verrat der Jungens.

«Die Schulkameradinnen preisgeben, um die eigene Haut zu retten!» Betty spuckte aus. «Geht doch, wenn ihr wollt. Ich jedenfalls werde keinen Franco-Knecht heiraten. Vorher bringe ich mich um.» Sie sah aus, als meinte sie es ernst.

Eine halbe Stunde später erschien einer der deutschen Soldaten mit einem Grammophon. Silvo folgte. Er hielt eine Schallplatte in der Hand.

«So übel ist er gar nicht», flüsterte Evelyn. «Immerhin versorgt er uns mit heißer Musik.»

Der Matrose setzte das Grammophon in Gang, und Silvo legte die Platte auf. Alle erbleichten; es war eine Sprechplatte. Laut und deutlich hörten sie jedes Wort, das sie vor einer halben Stunde gesprochen hatten.

«Ja. In dieser Zelle ist ein Mikrophon», knurrte Silvo. Er wandte sich an Betty: «Du bist also das Mädchen, das sich eher umbringt, als einen Franco-Söldner zu heiraten? Da!» Und er schlug ihr mit dem Handrücken auf die Wange. Robert sprang auf und griff instinktiv zum Revolver. Leider hatte er keinen. Der Matrose richtete seine Pistole auf ihn, und Robert setzte sich wieder.

Silvo verließ die Zelle, und man war in der Klemme. Wie sollte man sich unterhalten, ohne abgehört zu werden? David schlug die Taubstummensprache vor. Das ging ganz gut, bis Silvo ihnen das Licht abdrehte. Schließlich lösten sie das Problem, indem sie sich in der Sprache unterhielten, die sie von Sargnagel aufgeschnappt hatten. Silvo verbrachte einen ganzen Tag damit, eine Platte abzuhören, die folgendermaßen begann:

«Fatzt die Pfannentour.» Das war Roberts Stimme. «Die Summerhill-Schaffe ist sauberer. Gebt dem Itaker einen vor den Zahn. Wenn er spitz wird, wird er vermacht.»

Silvo war wütend. Er wäre weniger wütend gewesen, wenn er gewußt hätte, daß Roberts Sätze für jeden Hörer eine andere Bedeutung hatten. Er trug die Schallplatte in die Zelle und befahl Michael, sie ihm zu übersetzen.

«Recht gern», sagte Michael seelenruhig. «‹Fatzt die Pfannentour› bedeutet, daß Robert ein Feinschmecker ist. ‹Fatzen› heißt ‹fetten›, ‹Pfannen› heißt ‹Pfannen›. Robert schätzt es, wenn die Pfannen vor dem Braten sorgfältig eingefettet werden.»

«Was heißt ‹Schaffe›?» fragte Silvo.

«Das ist Roberts undeutliche Aussprache. Er meinte natürlich ‹Schafe›.»

«Und was heißt ‹die Summerhill-Schaffe ist sauber›? Was heißt das alles?»

«Nun, es war Sommer, das Fell der Schafe glänzte sauber; Odysseus, der listenreiche Fürst von Ithaka, entblößte lächelnd seinen letzten Zahn und dachte an all die spitzen Speere, die ihm sein Vater vermacht hatte. Doch plötzlich ...»

«Aufhören! Du belügst mich! Ihr benutzt eine Geheimsprache. Wenn ihr das noch einmal wagt, lasse ich euch mit dem Gummiknüppel zusammenschlagen!» Silvo verließ sie und knallte die Tür hinter sich zu.

Fritz, der Elektrotechniker, setzte das Mikrophon mit einem langen Nagel außer Betrieb. Die Deutschen verstanden nichts von Mikrophonen, und die Schallplattenaufnahmen mußten eingestellt werden. Der arme Fritz aber wurde furchtbar verprügelt.

Nun befahl Silvo den deutschen Wachen, die Gespräche zu belauschen, da sie einigermaßen Englisch konnten. Neill und Pyecraft überlisteten sie mit einem genialen Trick: Sie sprachen deutsch. Das konnten die Deutschen nicht verstehen.

Eine Woche später kam Silvo in die Zelle und teilte seinen Gefangenen mit, daß die männlichen Gefangenen zu einem Motorboot gebracht würden, mit dem sie nach England schiffen könnten. Die weiblichen Gefangenen müßten bleiben.

«Und wenn wir uns weigern?» fragte Bunny.

Silvo klopfte bedeutsam auf seinen Revolver.

Plötzlich begann David, im Foxtrott-Rhythmus zu singen:

«Schminkt euch doch den Seibel ab,
Im Augenblick sind Eitzes knapp,
Wir sahnen auf französisch ab.»

«Was bedeutet das?» schrie Silvo.

«Ein Lied», lächelte David, «ein kleines Lied. Eine alte französische Ballade.»

Silvo kochte vor Wut, unternahm aber nichts. Erst hatte es zwar so ausgesehen, als würde er David an Ort und Stelle über den Haufen schießen, aber David machte ein so unschuldiges Gesicht, daß Silvo seinen Revolver wieder wegsteckte.

Sie bekamen ein Motorboot und Verpflegung für sieben Tage, und man machte sich auf die gefährliche Reise. Als es dunkel wurde, wandte sich Neill an David: «Gehe ich richtig in der Annahme, daß du den Mädchen mit deinem kleinen Lied mitteilen wolltest, daß wir nicht sogleich eingreifen, sondern erst nach Frankreich fahren würden, um uns dort mit den nötigen Waffen auszustatten, um einen neuen Vorstoß über die Pyrenäen zu wagen?»

«Bravo, Neill. Wir können die Mädchen doch nicht bei diesen Blödmännern lassen.»

«Vielleicht», überlegte Robert, «sollten wir im Schutze der Dunkelheit zurückschippern und das U-Boot klauen.»

«Es ist zu gut bewacht», wandte Pyecraft ein. «Aber in einer Hafenstadt wie Bordeaux finden wir bestimmt ein U-Boot.»

Und in Bordeaux fanden sie eins der modernsten U-Boote. Sie untersuchten es.

«Ich frage mich, wie es sinkt», sagte Bunny, und einen Augenblick später, als Pyecraft das Boot betrat, sank es auch schon. Bunny gelang es gerade noch rechtzeitig, die Einstiegsluke zu schließen, bevor das Schiff voll Wasser schlug. Keiner war jemals auf einem U-Boot gewesen, und allen war flau im Magen. Glücklicherweise fiel Bunny über den Hebel für den Sauerstoffmechanismus, und nach und nach verloren sie ihre Furcht.

«Alles, was ich über U-Boote weiß», überlegte Neill, «ist, daß sie durch Akkumulatoren angetrieben werden. Man muß aber von Zeit zu Zeit an der Wasseroberfläche schwimmen, damit sie sich wiederaufladen können. Überprüfe das mal, Michael.»

Michael besah sich die Akkumulatoren. Sie waren fast vollständig aufgeladen. Dann experimentierten sie mit den verschiedenartigsten Hebeln. Bald fanden sie heraus, wie man *so* auftaucht, daß nur das Periskop herausguckt, und später gelang es ihnen sogar, die Motoren zu betätigen. Respektvoll betrachteten sie die Torpedorohre, beschlossen aber, die Torpedos erst auf dem offenen Meer auszuprobieren. Als sie es dann taten, stellten sie fest, daß von hundert Schüssen mit dem Übungstorpedo nur sechs ins Ziel gingen.

«Wir werden eben die Bordkanone benutzen», meinte Gordon, «selbst wenn das bedeutet, daß wir jedesmal auftauchen müssen.»

Vorsichtig schifften sie zurück nach Santander, und schon am frühen Morgen dümpelten sie in der Hafeneinfahrt. Pyecraft, der das Periskop bediente, brüllte plötzlich: «Das faschistische U-Boot ist verschwunden.»

So war es. Sie tauchten auf und fuhren in den Hafen. Der Feind hatte sich abgesetzt und die Mädchen mitgenommen. Sie durchsuchten das Gefängnis, fanden aber von den Mädchen keine Spur. Plötzlich stürzte sich Bunny auf einen winzigen Papierfetzen in einer Ecke des Gefängnishofs. Auf dem Papier stand das Wort BURGOS . . . in roten Lettern.

«Bettys Handschrift!» rief er. «Mit ihrem eigenen Blut geschrieben! Aber wo ist Burgos?»

Niemand wußte es. Sie fanden eine Landkarte. Burgos lag landeinwärts, etwa hundertfünfzig Kilometer südlich von Santander. Sie mußten das U-Boot im Stich lassen. Michael schlug vor, Räder am U-Boot zu befestigen. Seine Anregung wurde aber nicht sehr ernst genommen.

«Seit der Erfindung des Rades habe ich keinen so blödsinnigen Vorschlag vernommen», murmelte Robert. «Aber ich habe eine Idee. Habt ihr auch bemerkt, daß die Steinmenschen durch Regen- und Sonneneinwirkung langsam ausbleichen? Wenn wir uns weiße Tünche besorgen, können wir den Faschisten so nahe auf den Leib rücken, wie wir wollen. Sie dürfen nur nicht sehen, daß wir uns bewegen.»

Sie fanden so viele Flinten und Revolver, wie sie brauchten, und machten sich auf den Weg nach Burgos. Sie versuchten, Pferde einzufangen, aber die Rösser waren zu verwildert. Dann probierten sie es mit Autos, doch die Straßen nach Burgos waren mit Truppen, Artillerie und Versorgungsfahrzeugen verstopft – es war ja Bürgerkrieg.

Außerdem war Sommer. Das Marschieren in dieser Hitze war eine Qual. Bald hatten alle Blasen an den Füßen.

Endlich erreichten sie die ersten Häuser von Burgos und beschlossen, die Dunkelheit abzuwarten. Sie übernachteten in einem Sanitätswagen des Roten Kreuzes am Straßenrand. Gegen Mitternacht erwachte Robert. Er gab Michael einen kleinen Stups.

«Ich habe draußen Schritte gehört.»

Sie linsten in die Dunkelheit.

«Das ist einer von den deutschen Typen», flüsterte Michael. «Den schnappen wir uns.»

Sie glitten aus dem Wagen und schlichen sich an den nichtsahnenden Deutschen heran. Er saß auf einem Stein und war dabei, sich eine Zigarette anzustecken. Die Jungens krochen hinter ihn und zogen ihm unvermittelt einen Sack über den Kopf. Robert wollte ganz sicher gehen und hieb ihm sein Gewehr über den Schädel. Dann liefen sie zu den anderen zurück und weckten sie. Der Schlag hatte den Soldaten bewußtlos gemacht, aber nicht ernstlich verletzt.

Fritz hatte eine Idee: «Ich sehe ihm sehr ähnlich. Ich werde seine Uniform anziehen; dann glauben sie, ich wäre er.»

«Das ist alles ganz schön und gut», sagte Neill. «Aber Sie wissen nicht, wohin Sie gehen müssen.»

«Ich weiß. Aber ich kann überall hingehen und werde sie schon finden.»

Fritz verschwand mit der Uniform des Deutschen. Die anderen berieten, was mit dem Gefangenen zu geschehen habe.

«Sargnagel hätte ihn umgepustet», meinte David.

«Ja, aber das wäre wohl nicht ganz das richtige», wandte Bunny ein. «Er hat uns nichts getan.»

«Noch nicht», gab Michael zu. «Wir können ihn aber nicht jahrelang bewußtlos halten, indem wir ihm ständig wieder einen über die Rübe hauen, und wenn wir ihn fesseln, fängt er an zu brüllen. Dann müssen wir ihn knebeln. Es wäre wirklich sicherer, ihn umzulegen.»

An dieser Stelle wachte der Deutsche auf und glotzte mit leerem Blick in die Runde. Plötzlich bemerkte er, daß er nur noch Hemd und Unterhose anhatte. Er erschrak.

«Wo ist meine Uniform?» fragte er aufgeregt.

Neill erklärte ihm, ein Landsmann habe sie sich ausgeborgt.

«Aber sie werden ihn erschießen! Ich bin weggelaufen, weil Silvo so grausam zu den Mädchen war. Ich bin ein Deserteur. Sie werden ihn erschießen!»

Er hatte kaum seine Rede beendet, als ein Schuß die Stille der Nacht zerriß.

«Mir nach!» rief der Deutsche, und sie stürmten in die Stadt. An der ersten Straßenecke stolperte Bunny über etwas. Es war die Leiche von Fritz. Die Kugel hatte ihn mitten ins Herz getroffen. Sie blieben stehen.

«Oh, diese Schweine!» rief Robert. Er ballte die Faust. «Dafür werden sie uns büßen. He, du da, wie heißt du?»

«Sepp», antwortete der Deutsche.

«Okay, Sepp. Bist du auf unserer Seite?»

«Ich hasse Silvo!»

«Ich weiß zwar nicht, was das bedeutet, aber der Ton, in dem du es gesagt hast, genügt. Weißt du, wo sie sind?»

«Nächste Querstraße rechts, in einer Kaserne. Ich führe euch hin.»

Als sie sich den Unterkünften näherten, hörten sie ein Mädchen kreischen.

«Das ist die Betty», wisperte Sepp. «Silvo mag sie nicht, weil sie immer sagt, er sei ein Schweinehund.»

«Wie sollen wir die Kaserne angreifen? Ungedeckt, über diesen weiten, freien Platz?» fragte Neill.

«Hier kommt die weiße Tünche zum Einsatz», trumpfte Robert auf. Er weißte alle Gesichter. «So. Der ganze Platz ist voller Statuen. Wir müssen uns unter diese Statuen mischen und dann schrittweise zu den Baracken vorstoßen.»

«Das», sagte Pyecraft, von heftigem Husten geschüttelt, «ist ganz ohne Zweifel eine ausgezeichnete Idee, aber mit meinem Gehuste könnte ich euch leicht verraten.»

Neill räusperte sich. «Ich glaube, auch bei mir ist eine leichte Erkältung im Anzug», stellte er fröhlich fest.

Robert bedachte die Männer mit einem vernichtenden Blick. Sein Schweigen war beredter als tausend Worte.

Noch war es dunkel, doch die Dämmerung kroch schon herauf.

«Wir müssen unverzüglich handeln», befand Robert und führte die anderen an, wobei er auf allen vieren kroch. Als es hell wurde, standen Sepp und die vier Jungens stocksteif und kalkweiß auf dem Exerzierplatz.

«Kaltes Blut, sage ich, kaltes Blut und nochmals kaltes Blut», sagte Pyecraft, der mit Neill die Operationen beobachtete. Sie standen hinter der schützenden Körperfülle eines dicken versteinerten faschistischen Generalmajors.

«Genau», meinte Neill. «Wir wollen uns seitlich anschleichen und die gegnerische Flanke treffen. Die Besatzung der Garnison wird das Feuer auf uns eröffnen. So können die Jungens weiter vorrücken.»

Sie schlichen sich seitlich an. Als sie die Westseite der Baracken erreicht hatten, sandte Neill einen Schuß durch ein Fenster. Ein Kugelhagel war die Antwort. Pyecraft, der die Jungens im Auge behalten hatte, schrie, daß sie ein gutes Stück vorangekommen seien. «Noch mal dasselbe!» rief er. Neill leerte sein Magazin, und Pyecraft schrie entzückt, daß Robert und David es schon fast bis zu den Baracken geschafft hätten. Dann geschah ein Mißgeschick. Eine Wespe hatte sich auf Gordons Nase niedergelassen, und wenn es etwas gibt, das Gordon wahnsinnig machen kann, dann ist das eine Wespe, die sich auf seiner Nase niederläßt. Er hielt so lange still wie möglich, dann schlug er zu.

Das sah Silvo. Ein Schuß bellte. Die Kugel traf die Wespe.

«Deckung!» schrie David, und sie ließen sich hinter einigen Statuen fallen. Sie feuerten, und Neill und Pyecraft feuerten weiter von der Flanke her. Während einer kurzen Gefechtspause hörten sie Silvos Stimme:

«Ergebt euch, oder wir töten die Mädchen.»

«Sorgt dafür, daß er weiterredet», flüsterte Bunny. «Siehst du, wie Pyecraft seinen Generalmajor vor sich her schiebt und vorrückt?»

«Gut», sagte Robert. Dann wandte er sich an Silvo: «Schenken Sie uns das Leben, wenn wir uns ergeben?»

«Ja.»

«Und lassen Sie auch die Mädchen frei?»

«Nein. Niemals.»

Robert ließ Pyecraft nicht aus den Augen, der sich bereits ganz schön vorgearbeitet hatte. «Na gut, Silvo. Machen wir einen Handel. Geben Sie uns ein Mädchen heraus, und Sie können die beiden anderen behalten.»

«Welches Mädchen?»

«Die hübsche.»

«Welche meinen Sie?»

Sie sahen, wie Pyecraft den rechten Arm erhob, und eine Bombe explodierte an der Mauer. Als sich der Rauch verzogen hatte, klaffte ein großes Loch in der Wand. Sie waren so geistesgegenwärtig gewesen, im Schutze von Qualm und Staub vorwärts zu stürmen. Pyecraft war auch schon da, und vereint drangen sie in die Baracke ein. Die Deutschen hoben die Hände und ergaben sich. Silvo hingegen feuerte auf Robert, verfehlte ihn um Haaresbreite und traf Sepp in die Kehle. Sepp brach mit furchtbarem Gurgeln zusammen. Pyecraft hieb Silvo den Griff seines Revolvers auf den Kopf, und die Schlacht war aus und gewonnen.

Die Kriegsgefangenen wurden schnell gefesselt, und Neill zog los, um die Mädchen zu suchen. In einem Verlies fand er sie. Sie waren an Pfähle gefesselt. Sie weinten vor Freude und erzählten schreckliche Geschichten von Folter und Todesangst. Sie waren nicht wirklich gefoltert oder geschlagen worden, aber Silvo hatte sie fast um den Verstand gebracht, indem er ihnen ausmalte, was alles mit ihnen geschehen würde, falls die Jungens versuchen sollten, sie zu befreien. Die deutschen Soldaten, so berichteten die Mädchen, seien furchtbar nett gewesen, und es sei Sepp zu verdanken, daß Silvo sie nicht doch noch gefoltert habe. Sie waren sehr traurig, als sie von Sepps Tod erfuhren, aber als sie hörten, daß auch Fritz tot war, heulten sie wie die Schloßhunde.

Fünf Deutsche waren noch am Leben. Es erhob sich die Frage, was mit ihnen und Silvo geschehen solle.

«Er gehört vor ein Kriegsgericht. Und dann wird er erschossen», sagte Betty hitzig. Dann sah sie Robert an. «Nein. Robert, du bist mein Bruder. Es ist deine Pflicht, dich mit ihm zu duellieren, um meine Ehre wiederherzustellen.»

«Wußte nicht, daß du eine hattest», wich Robert aus. «Ich finde, dies geht alle an. Ich bin mehr für ein Kriegsgericht.»

«Ich meine, Betty hat recht», konstatierte Neill. «Sie hat Schweres durchgemacht, und es gibt ein ungeschriebenes Gesetz, daß, wenn eine Jungfrau Schweres durchgemacht hat, ihr Verehrer oder – in Ermangelung eines Verehrers – ihr Bruder den Entehrer herausfordert.»

«Du bist ihr Schulleiter», verteidigte sich Robert. «Es ist deine Pflicht, sie zu beschützen. Du bist in ... in ... wie heißt das noch auf holländisch?»

«*In loco parentis*», ergänzte Neill, «was heißt: an Eltern Statt. Im übrigen ist es nicht Holländisch, sondern Griechisch. Aber wenn du Angst hast, werde ich die Sache natürlich auf mich nehmen», fügte Neill hinzu.

«Wer sagt, daß ich Angst habe?» fragte Robert.

«'tschuldigung», entschuldigte sich Neill mit einer knappen Verbeugung. «Aber ich wußte doch, daß du wie ein Ehrenmann handeln würdest.»

Als Silvo aus seiner Betäubung erwachte, trat Robert auf ihn zu und schlug ihm einen Handschuh um die Ohren. Das ist die korrekte Art und Weise, jemanden zum Duell zu fordern. Silvo erhob sich schwankend.

«Mein Sekundant wird sich mit Ihnen in Verbindung setzen.»

«Sekunde», sagte Robert und bedeutete einem Deutschen, er solle Silvos Sekundant sein. Also überreichte der Deutsche Robert Silvos Karte. Robert wußte nicht, was er mit ihr anfangen sollte, doch dann hatte er eine ausgezeichnete Idee: Er zog eine Zange aus seiner Hosentasche und knipste ein Loch in die Karte. Alle lachten – außer Silvo. Der starrte Robert durchdringend an.

«Beleidigen Sie mich ruhig, Signor Robert. Ich werde auch diese Schmach zu sühnen wissen. Da Sie mich herausgefordert haben, obliegt mir die Wahl der Waffen.» Er machte eine kleine Pause, um diesen Satz wirken zu lassen. «Ich war der beste Schwere-Säbel-Fechter der italienischen Armee.» Wieder eine kleine Pause, um auch diesen Satz wirken zu lassen. Und er wirkte, besonders auf Robert, der noch nie in seinem Leben gefochten hatte. Silvo beobachtete ihn und lachte grausam. «Ich sehe Sie erbleichen.»

«Durch die weiße Tünche können Sie das gar nicht sehen», gab Robert schlagfertig zurück. «Wir treffen uns bei Sonnenaufgang», sagte er steif, drehte sich auf dem Absatz um, verließ würdevoll den Raum und fiel über die Fußmatte.

Die Deutschen hatten Angst um Robert. Sie schätzten Silvo ganz und gar nicht und hatten ihm nur aus Furcht gehorcht. Einer der Soldaten wandte sich besorgt an Neill: «Es ist der reine Wahnsinn. Ich habe Silvo fechten sehen. Er ist einsame Klasse. Er hat schon viele Männer im Zweikampf getötet. Meiner Ansicht nach sollten Sie für den Jungen einspringen, Mister Neill.»

Die meisten waren derselben Meinung, aber Neill wischte alle Einwände beiseite. «Sie bitten mich also darum, mich einzumischen und Robert um das größte Abenteuer seines Lebens zu bringen?» sagte er entrüstet. «Wollen Sie, daß ich ihn damit für immer zum Feigling mache? Könnte Robert mir je verzeihen, daß ich ihm diesen – *seinen* – Kampf verdorben habe?»

«Och», meinte Robert, «ich glaube schon, daß ich dir das verzeihen könnte.»

«Immer großzügig, der Junge. Aber in Wirklichkeit würde er es nie zulassen, daß ich ihn in dieser Sache vertrete.»

«Doch, doch. Wenn dir wirklich etwas dran liegt, den Strolch zu verbimsen, halte ich mich gern ein bißchen zurück.»

«Robert, deine Selbstlosigkeit ist bewundernswert. Aber ich möchte sie nicht unnötig strapazieren. Vielleicht ein andermal. Dies hier ist deine Be ... äh, deine beste Stunde.»

Robert machte einen besorgten Eindruck. «Aber ich kann mit einem schweren Säbel nichts anfangen. Der Kerl durchbohrt mich doch gleich beim ersten Versuch, es sei denn ...»

«Was?»

«Wäre es auch dann noch ein echtes Duell, wenn ich unter dem Pullover ein Kettenhemd trüge?»

«Robert», tadelte Neill, «ich erkenne dich nicht wieder. Der Robert, den ich kannte, würde sich schämen, eine derart nichtswürdige Methode, seine Haut zu retten, überhaupt in Betracht zu ziehen.»

«War ja nur 'ne Frage. Wenn dieser Lump wenigstens Rheuma hätte!»

«Hm», machte Roberts Schwester und verschwand eilends.

Robert verbrachte fast die ganze Nacht damit, mit einem schweren Säbel auf einen Mehlsack einzudreschen. Als der Morgen dämmerte, hatten seine Augen einen fiebrigen Glanz. Pyecraft läutete zum Wecken, und alle begaben sich auf den Kasernenhof. Silvo kam in Hemdsärmeln. Auch Robert entledigte sich seiner Jacke. Pyecraft brachte zwei schwere Säbel, und die Duellanten bedienten sich. Silvo lächelte verächtlich und landete einen Ausfall gegen Robert. Robert wich ihm aus und parierte den Stoß mit einem gewaltigen Schlag gegen Silvos schweren Säbel. Silvo fluchte und krümmte sich.

«So ein doller Fechter scheint er aber nicht zu sein», flüsterte David Betty zu.

Betty lächelte strahlend. «Robert wird gewinnen.»

«Woher weißt du das?»

«Ich habe gestern nacht Silvos Bett frisch bezogen.»

«Was haben frische Laken mit einem Duell zu tun?»

«Die Laken waren feucht», kicherte Betty. «Hast du nicht gesehen, wie er sich krümmte, als Robert ihm auf den Säbel schlug? Rheuma!»

«Ist das nicht ein bißchen schäbig?»

«Nicht daß ich wüßte. Hast du schon mal was von Handicaps gehört? Oder von Vorgabe? Warum sollte man es einem Sport-As wie Silvo allzu leicht machen, wenn er gegen einen blutigen Anfänger wie Robert antritt?»

Silvo versuchte, mit der linken Hand weiterzukämpfen, aber auch hier hatte ihn der Rheumatismus erwischt. Er fluchte und wechselte wieder auf die rechte über. Das brachte Robert auf einen Gedanken. Er hatte früher mal eine Geschichte über Napoleons Marsch auf Moskau gelesen. In der Geschichte focht ein Franzose mit einem Russen. Der französische Soldat hatte den Trick, seinen Degen ständig von einer Hand in die andere gleiten zu lassen, so daß die Waffe seines verdutzten Gegners durch die Luft sauste, bevor er wußte, wie ihm geschah.

Wieder versuchte Silvo, einen Ausfall zu landen; Robert wechselte, und ... ein allgemeines «Ah» ertönte, als Silvos schwerer Säbel durch die Luft schwirrte.

«Mach Schluß mit ihm!» brüllten die Jungens. Roberts Säbelspitze berührte die Kehle des Italieners.

«Halt!» rief Betty. «Laß ihn nicht so schnell sterben. Ich habe einen besseren Plan.»

«Und der wäre?» fragte Robert.

«Er soll mit seinem Rheuma weiterleben. Bis zu seinem Tode soll er auf Krücken herumhumpeln.»

Aller Augen richteten sich auf Betty. Silvo nutzte diesen Umstand, zog Bunny unbemerkt und blitzschnell den Revolver aus dem Gürtel und jagte sich eine Kugel durch den Kopf. Danach geschah nicht mehr viel in Spanien. Die Deutschen wollten nach Hause, und man verabschiedete sich freundlich von ihnen. Die armen Kerle wurden bereits in Frankreich von Wölfen gefressen.

«Mach Schluß mit ihm!» brüllten die Jungens.

Unsere Freunde hingegen fanden in Bilbao eine Luxusyacht und waren eine Woche später nach glücklicher Fahrt wieder in Summerhill.
FORTSETZUNG FOLGT

Kommentar

«Mensch, was für ein lausiges Kapitel», meinte Betty angewidert. «Warum sind eigentlich immer nur die Jungens tapfer? Da retten sie uns am laufenden Band, als ob wir das nötig hätten. Pfff!»

«Genau!» rief Jean. «In deiner Geschichte werden Frauen in übelster Weise diskriminiert. Dabei haben wir mindestens soviel auf dem Kasten wie die Jungens.»

«Seid still!» schnappte Robert gereizt. «Darum geht es doch gar nicht. Du hättest mir erlauben sollen, Silvo die Gurgel aufzuschlitzen. Und Betty hätte ihm kein Rheuma anhexen sollen. Das ist unsportlich.»

«Und», fügte Michael hinzu, «völlig unwissenschaftlich. Der Kerl konnte doch nicht schon Rheuma kriegen, nur weil er eine Nacht lang in feuchten Tüchern geschlafen hat. Und noch was anderes: Sepp, dieser Deutsche. Wenn er vor Silvo weglief, wieso setzt er sich auf einen Stein und raucht eine Zigarette?»

«Völlig idiotisch», pflichtete ihm David bei. «Schade, daß Fritz draufgegangen ist, nicht?»

«Das fand ich nicht so schlimm», meinte Evelyn. «Ich habe ihn mir sowieso nicht richtig vorstellen können. Bei Sargnagel war das etwas anderes. Als er starb, war ich echt traurig, aber Fritz war ein Langweiler. Neill, das mußt du zugeben, er war ganz schön langweilig.»

«Gut, er war ziemlich langweilig», sagte ich. «Es wurde höchste Zeit, daß er starb.»

«Warum können wir nicht alle weiterleben?» fragte Michael.

«Weil», antwortete ich, «diese Geschichte ‹Die grüne Wolke oder Der allerletzte Mensch auf Erden› heißt.»

«Willst du damit sagen, daß alle bis auf einen sterben?!»

Ich nickte.

Betty sagte: «Verdirb uns bloß nicht den ganzen Spaß, und erzähle jetzt schon, wie die Geschichte ausgeht. Wer ist denn der allerletzte Mensch auf Erden?»

«Das», räusperte ich mich, «weiß ich noch nicht. Es hängt nicht zuletzt davon ab, was in den nächsten Wochen geschieht. Wenn die Mädchen wieder die ganze Nacht schnattern – wie zum Beispiel gestern nacht –, kann ich euch einen sehr blutigen Tod versprechen. Und wenn ihr Burschen mir nicht die Schraubenschlüssel zurückgebt, die ihr euch gestern ausgeliehen habt . . . nun, ihr seid gewarnt.»

«Im nächsten Kapitel», meinte Jean, «sollten die Mädchen die tapferen Taten vollbringen. Was meinst du, Betty?»

«Frag mich nicht», antwortete Betty betrübt. «Neill glaubt ja doch, daß nur Männer Mut haben. Es ist ziemlich hoffnungslos. Dabei tut er selbst nie etwas Mutiges.»

«Vielleicht werde ich euch alle in der nächsten Folge retten müssen», bemerkte ich. «Ja, ich glaube, es ist an der Zeit, daß ich mich von meiner wahren Seite zeige.»

Zehntes Kapitel

Summerhill sah noch trostloser aus. Dachziegel waren heruntergefallen; Fensterscheiben zerbrochen. Es war den Kindern ein Rätsel, wie das hatte geschehen können.

«Mich dünkt», meinte Betty, «jemand hat diese Fensterscheiben zerschlagen. Am Ende sind wir doch nicht die letzten Überlebenden in England.»

«Mich deucht», sagte Robert, «diese Überlebenden würden nicht extra nach Summerhill anreisen, um hier ein paar Fensterscheiben einzuschmeißen. Sei nicht kindisch, Betty.»

«Vielleicht waren es fallende Dachziegel oder Äste, die der Sturm abgebrochen hat», gab Pyecraft zu bedenken.

«Oder Ratten?» fragte Bunny.

«Egal», faßte Michael zusammen. «Wir hätten die wärmeren Klimazonen nicht verlassen sollen. Summerhill im November ohne Fensterscheiben und Kohlen ist nicht das, was ich mir unter Komfort vorstelle. Dabei steht uns die ganze Welt zur Verfügung. Warum kommen wir eigentlich immer an diesen beschissenen Ort zurück?»

«Das ist der Nestinstinkt», dozierte Neill. «So, wie ein Hund stets zu seiner ... Kinder, seht doch bloß mal da drüben den alten Chad! Der sieht ja wirklich schlimm aus.»

Und so war es. Unkraut wucherte ihm um die Hüften, und Schlingpflanzen hatten sich seines Schottenrocks bemächtigt. Pyecraft und Neill, die beiden alten Golfer, fanden, es sei eine Schande, daß dieser edle Sport nur noch dazu diene, Leuten wie Michael ein hysterisches Kichern zu entlocken.

Sie jäteten das Unkraut, entfernten die Schlingpflanzen und ersetzten den Schottenrock durch schicke Knickerbockers. Beim Klubhaus fanden sie einen Caddy, der sich mit einem Haufen Golfschläger abschleppte, und stellten ihn hinter Chad auf.

«Schon viel besser.» Neill betrachtete befriedigt sein Werk. «Das verleiht ihm eine Würde, die er nicht einmal zu Lebzeiten besessen hat. Vielleicht sollten wir ihm noch ein paar hohe Tiere aus einem vornehmen Golfklub zugesellen, ein paar pensionierte Generäle, irgendwas in der Richtung. Dann sieht es so aus, als hätte Chad immer mit ihnen Golf gespielt.»

Michael, der Kommunist, erhob energisch Einspruch, denn Chad war ebenfalls Kommunist gewesen.

«Merkwürdig», sprach Pyecraft versonnen, «daß er als Kommunist einem so bourgeoisen Sport wie Golf frönte.»

«Da tun Sie ihm unrecht», verteidigte ihn Neill. «Er hat nie Golf gespielt. Sehen Sie sich doch seine Fußstellung an.»

Der Plan mit den pensionierten Generälen wurde fallengelassen. Dafür legten sie Chads Golfball in ein mehrere hundert Meter entferntes Loch, so daß jeder den Eindruck gewinnen mußte, Chad habe es auf einen Schlag getroffen.

Im Ausland hatten sie keine Nahrungssorgen gehabt. In Kenia und Spanien hatte es Frischkost im Überfluß gegeben, in Summerhill dagegen mußten sie dem Gemüsegarten wieder ihre gesteigerte Aufmerksamkeit widmen. Es war jedoch November, und nichts wollte so recht gedeihen. Wenn sie bis zum Frühling durchkommen wollten, mußten sie von Wildpflanzen leben. Die Raubtiere hatten sämtliche Haustiere gefressen und waren auf der Suche nach frischem Fleisch landeinwärts verschwunden. So hatten die Leute von Summerhill zwar nichts zu beißen, brauchten dafür aber auch keine Angst mehr vor Tigern und Löwen zu haben.

Die Mädchen versuchten ihr Bestes, aber, wie Evelyn sagte: «Es ist nicht leicht, unter diesen Umständen stets schmackhafte Gerichte aufzutischen.»

SPEISENFOLGE
(Sonntag)
Löwenzahnsuppe
Schuhsohle à la Chaplin
geschmorte Sauerampferwurzel in Disteltunke
Schmierölpudding mit Pistensaft
Kaffee

Die Jungens warfen einen kurzen Blick auf die Speisenkarte und beschlossen, einen Spaziergang zu machen. Neill sagte, es sei gemein, Evelyn so im Stich zu lassen, und kam rechtzeitig zum Kaffee zurück. Pyecraft verscharrte im Schutze der Nacht den Schmierölpudding und ließ höflich ein paar Reste auf seinem Teller zurück. Alle wurden blaß und dünn. Pyecraft verlor in drei Wochen fünfzig Pfund. Dann breitete sich eine Magengrippe aus. Nacheinander bekamen die Jungens und die Männer starke Schmerzen und mußten mit hohem Fieber das Bett hüten. Zum Glück wurden die Mädchen nicht krank und konnten die schwer leidenden Männer pflegen.

Also sprach Neill: «Alle Fürsorge ist umsonst. Wir werden alle an Vitaminmangel sterben, falls wir nicht bald anständiges Essen kriegen. Und wenn ihr Mädchen uns weiter pflegt, steckt ihr euch nur an. Verlaßt uns, damit wir in Frieden sterben können.»

Die Mädchen hielten eine Versammlung ab.

«Neill hat recht», sagte Betty. «Wir müssen weg und Nahrung finden.»

«Aber wer wird sie pflegen?» fragte Jean.

«Sie brauchen keine Pflege. Ich bin ohnehin für die natürliche Heilmethode. Sie sollen fasten, bis sie sich besser fühlen.»

«Aber», lispelte Evelyn, soweit ihr das bei einem Wort wie ‹aber› möglich war, «aber das tun sie doch schon die ganze Zeit, seitdem ich Küchendienst habe.»

«Nein, sie haben den Kaffee getrunken, den wir von Patricks Farm mitgebracht hatten. Sie müssen richtig fasten und dürfen nur Wasser trinken.»

Am nächsten Morgen erschienen die Mädchen in praktischen Reisekostümen und bis an die Zähne bewaffnet. Sie teilten den Dahinsiechenden ihre Absicht mit, Fleisch, frisches Obst und Gemüse zu besorgen. Sie beabsichtigten, mit den Mopeds nordwärts zu ziehen. Mopeds, fügten sie hinzu, seien praktisch, weil man sie tragen könne, wenn die Straße blockiert sei.

«Warum nach Norden?» fragte Neill mit schwacher Stimme. Er war sehr krank.

«In den Mooren von Yorkshire muß es noch Schafe geben. Und in Lincolnshire gibt es Treibhäuser. Vielleicht wächst da noch etwas.»

So brachen die drei tapferen Mädchen zu ihrer gefährlichen Reise auf. Jede hatte ein Gewehr und zwei Maschinenpistolen. Jean hatte noch zusätzlich ein Maschinengewehr auf ihren Gepäckträger geschnallt. Die anderen beiden hatten statt dessen große Körbe auf den Gepäckträgern, um das Essen zu transportieren.

«Endlich sind wir mal unter uns», meinte Jean. «Hoffentlich treffen wir Löwen.»

«Sei still!» schnappte Evelyn nervös.

Trotz den verstopften Straßen kamen sie zügig vorwärts und erreichten nach zwei Stunden Norwich. Jean schlug vor, ein Nachtlager in einer Konditorei aufzuschlagen, aber die beiden anderen bestanden darauf, vor Einbruch der Dunkelheit noch ein Stück weiterzufahren.

In einem Hotel in King's Lynn machten sie Quartier. Sie aßen ausgiebig zu Abend: Büchsenfleisch, eingemachtes Obst und Limonade. Sie wurden sehr lustig, zogen das Grammophon auf und tanzten.

«Komisch, daß wir so lustig sind», kicherte Jean. «Wir sollten nicht fröhlich sein, wo es den anderen in Summerhill doch so dreckig geht», und sie brach in Gelächter aus. Die anderen lachten ebenfalls; sie lachten, bis ihnen die Tränen kamen, und dann tanzten sie wieder, und Betty fiel hin und konnte nicht wieder aufstehen, also lag sie auf dem Teppich und lachte und lachte. Es war wunderbar! Gegen drei Uhr morgens gingen sie ins Bett. Als sie aufwachten, dachten sie, sie hätten alle die Grippe, denn sie hatten fürchterliche Kopfschmerzen.

«Macht nichts», stellte Evelyn fest. «Es war eine zauberhafte Nacht, und die Limonade war die beste, die ich je getrunken habe. Was für eine Marke war das eigentlich?» Sie nahm eine leere Flasche und las: *«Louis Roederer Grand Vin Sec.»*

«Oh, mein Kopf!» stöhnte Betty. «Vielleicht wird uns die frische Luft guttun.»

Sie brachen auf, und bald ließen die Kopfschmerzen nach. In Newark machten sie Mittagspause, hielten es aber für geraten, diesmal keine Limonade zu trinken. In Doncaster wurde übernachtet. Bislang hatten sie kein Tier gesichtet, das größer als eine Katze gewesen wäre. Jean studierte die Landkarte.

«Spätestens morgen sollten wir Scotch Corner erreicht haben. Dann fangen die Hochmoore an, wo wir bestimmt Schafe finden. Die Tomaten besorgen wir auf dem Rückweg in Lincoln, damit sie sich bis Summerhill halten.»

In der Nähe von Scotch Corner bekamen sie das erste Schaf zu Gesicht. Jean erlegte es, indem sie die Augen zukniff und abdrückte. Dann versuchten sie, es abzuhäuten und auszunehmen. Eine ziemlich widerliche Arbeit, wie sie fanden. Sie schnitten die genießbaren Teile heraus, wickelten sie fein säuberlich in Papier ein und verstauten das Zeug in einem der Körbe. Sie waren über und über mit Blut beschmiert, gingen in ein Haus, wuschen sich gründlich und legten sich schlafen. Am nächsten Morgen sahen sie, daß zwei Löwen das auffraßen, was sie von dem Schaf zurückgelassen hatten.

«Faule Biester», entrüstete sich Evelyn. «Warum gehen sie nicht selbst auf Jagd? Der Gedanke, daß wir diese ganze widerliche Arbeit mit dem Schaf hatten, damit diese Burschen sich vollfressen können, macht mich krank. Und so was nennt sich nun König der Tiere.»

«Etwas stört mich», sagte Betty. «Wenn es hier wirklich so viele Schafe gibt, warum fressen die Löwen eins, das wir getötet haben? Löwen ziehen, soviel ich weiß, frisches Fleisch vor, und sie reißen es lieber selbst.»

«Und guckt mal, wie mager die beiden sind! Ich fürchte, wir werden nicht viel Eßbares zum Mitnehmen finden», bangte Jean.

Man sollte erwähnen, daß sie nicht an die Gefahr dachten, die die Löwen für sie darstellten. Alle ihre Gedanken galten den kranken Männern daheim. Sie traten vor die Tür und starteten die Mopeds. Der Lärm verjagte die Löwen.

Es ging weiter. Bald waren sie in einer öden Moorlandschaft. Keine Häuser, keine Schafe, nur ein paar Löwen in der Ferne. Einer der Löwen verschwand in einer Mulde, wo er etwas aufgespürt haben mußte. Die Mädchen robbten durchs Heidekraut und sahen ein einsames Schaf, das aus einem Bach trank.

Betty flüsterte Jean zu: «Du zielst auf das Schaf, und ich ziele auf den Löwen. Wenn ich ‹jetzt› sage . . . jetzt!» Gleichzeitig lösten sich zwei Schüsse. Das Schaf fiel tot um, aber Bettys Schuß hatte den Löwen nur an der Schulter verwundet. Brüllend sprang er in großen Sätzen auf die Mädchen zu. Sie feuerten, aber die Militärmunition war zu schwach für einen ausgewachsenen Löwen. Sie trafen ihn, aber das machte ihn nur noch wütender. Jetzt war er nur noch zehn Meter entfernt. Die Mädchen fühlten ihr letztes Stündchen nahe. Der Löwe duckte sich zum entscheidenden Sprung.

Jean fiel plötzlich eine Geschichte ein, in der ein Mann einen Löwen dadurch bezwingt, daß er ihm fest ins Auge blickt. Die Moral der Geschichte war, daß kein Tier dem Blick eines Menschen standhalten kann. Also stellte sich Jean hin und fixierte den Löwen. Unglücklicherweise aber hatte der Löwe diese Geschichte nicht gelesen und fixierte gerade Betty. Er sprang, und drei Maschinenpistolen bellten. Die Mädchen warfen sich beiseite, als der schwere Löwe aufprallte. Diesmal hatten die Schüsse gesessen. Es gab einen heftigen Rums, als das Ungetüm auf den Boden krachte. Er rührte sich nicht mehr.

«Schnell!» rief Evelyn. «Nehmt das Schaf und bindet es auf eins der Mopeds. Hier können wir es nicht zerlegen. He, was ist das?»

Es war das Grollen einer Löwin. Sie hatte ihren Gefährten gesucht, und sie hatte ihren Gefährten gefunden, und sie ließ keinen Zweifel daran, daß sie ihren Gefährten gefunden hatte.

«Wir können heute nicht mit noch mehr Löwen kämpfen», schluchzte Jean. «Lassen wir das Schaf hier und hauen wir ab!» Die anderen waren der gleichen Meinung. Sie schwangen sich auf die Mopeds und brausten davon. Die Löwin jagte ihnen nach.

«Mit einem Moped kann sie nicht Schritt halten», brüllte Betty, die an der Spitze fuhr. Plötzlich platzte ihr Hinterreifen, und das Moped rumpelte langsam über die Straße.

«Fahrt nach Summerhill und bringt ihnen Nahrung», schrie sie. «Und sagt ihnen, daß ich furchtlos gestorben bin.»

Darauf ließen sich die beiden anderen natürlich nicht ein. Sie stiegen ab, und Jean band hastig das Maschinengewehr los.

«Wir müssen die Munition vergessen haben, als wir diese Limonade tranken», keuchte sie.

Die Löwin verhielt und schlängelte sich auf dem Bauch durchs hohe Heidekraut. Sie kam immer näher. Jean hantierte mit einer Nagelfeile.

«Typisch», bemerkte Evelyn. «Es geht um Leben und Tod, und Jean manikürt sich. Soll ich dir vielleicht noch meinen Lippenstift leihen?»

«Blöde Kuh. Ich mache ein Dumdumgeschoß aus dieser Patrone. Ich feile kleine Schlitze in das Projektil. Beim Aufprall wird das Geschoß bersten und ein furchtbares Loch reißen.»

«Wie kann man nur so grausam sein. Diese ewige Schießerei hängt mir zum Halse raus. Wenn wir uns ganz ruhig verhalten, tut die Löwin uns bestimmt nichts. Uuh! Da kommt sie! Ziel auf die rechte Schulter, Jean. Du mußt die Halsschlagader treffen!»

Jean traf die Halsschlagader, und die Löwin starb sofort. Jean demonstrierte ihre Dumdum-Theorie: Vorn an der Löwin war ein kleines Loch, hinten war ein riesiges. Betty und Evelyn überkam plötzlich ein leichtes Unwohlsein.

«Viel Spaß macht es nicht, mit kleinen Mädchen auf Jagd zu gehen», murrte Jean, setzte sich auf die Löwin und runzelte die Stirn.

Sie holten das Schaf und widmeten sich dann dem geplatzten Reifen.

Sie konnten schießen wie Männer; sie waren mutiger als Männer; aber keine wußte, wie man ein Rad flickt.

«Ich habe Robert mal dabei zugesehen», sagte Betty eifrig. «Man nimmt eine Schüssel mit Wasser und drückt ein Zeug,

«Viel Spaß macht es nicht, mit kleinen Mädchen auf Jagd zu gehen», murrte Jean.

das aussieht wie Zahnpasta, aus einer Tube, und dann ... ich habe vergessen, wie es weitergeht.»

«Zuerst muß man wahrscheinlich den Reifen abmachen», empfahl Evelyn. Sie benutzten dazu einige Schraubenschlüssel aus der Werkzeugtasche. Als sie den Schlauch freigelegt hatten, bestand er zu etwa einem Drittel aus Fetzen, und sie sahen ein, daß es unmöglich war, ihn flicken zu wollen. Aber sie gaben nicht auf. Sie stopften Gras in den Reifen und erreichten langsam und holpernd nach fünfzehn Kilometern eine Autowerkstatt. Hier fanden sie eine Kiste mit Schläuchen in der passenden Größe, und nach zehn Stunden war Bettys Moped wieder vollständig bereift. Sie zerlegten das Schaf und verstauten es in dem anderen Korb. Nun wollte man über Lincolnshire (die Tomaten!) nach Hause.

«Ich für mein Teil habe jetzt genügend Abenteuer erlebt», stellte Betty fest, als sie über die Überlandstraße fuhren. «Man lebt ja in steter Angst, einen vor den Zahn zu bekommen, wie unser lieber Freund Sargnagel gesagt hätte.»

Schnittig nahmen sie die Kurve nach Newmarket und bremsten ganz schnell. Vor ihnen stand ein Elefant.

Hier muß vielleicht erklärt werden, wie es dazu kam, daß Elefanten England durchstreiften. Die Zoo-Elefanten waren friedlich, wie es ihre Art ist, umhergewandert. Die meisten hatten jahrelang Kleinkinder und ähnliches durch die Tiergärten getragen. Jumbo, ein altgedienter Zoo-Elefant, war bald zum Anführer der befreiten Elefanten gewählt worden. Leider befand sich aber zur gleichen Zeit in der Stadt Leicester ein großer Zirkus. Der Anführer der Zirkus-Elefanten war ein gewisser Simbo, ein boshafter, jähzorniger Kerl. Als nun die Zoo-Elefanten auf die Zirkus-Elefanten trafen, kam es zum Kampf zwischen den beiden Anführern. Jumbo wurde getötet, und der bösartige Simbo wurde der Anführer der nunmehr vereinigten Elefanten. Einige Monate später stießen sie auf die Elefanten von einem schottischen Zirkus aus Aberdeen. Wieder tötete Simbo den Anführer im Zweikampf, und Simbos Herde wuchs damit auf vierzig Mitglieder. Sein Jähzorn färbte auf die ganze Herde ab. Als er noch im Zirkus gewesen war, hatte er einen Wärter zu Tode getrampelt. Jetzt, in Freiheit, konnte er seine Grausamkeit voll entfalten. In Newmarket war ein Pferderennen gewesen, als die grüne Wolke kam. Simbo haßte die Menschen. Er stürmte voran und zerschmetterte die Glücksritter, die zum Wetten gekommen waren, mit seinem mächtigen Rüssel.

Ebendieser Simbo stand nun vor den drei Mädchen und hieb die Statue eines Polizisten in Staub und kleine Stücke. In der Nähe bekämpfte seine Herde einen Heuschober.

«Weiterfahren», sagte Jean. «Elefanten sind zahm. Die haben nichts gegen uns.»

«Und was ist, wenn er uns für Polizisten hält?» fragte Evelyn. Ein Frösteln lief ihr die Wirbelsäule hinunter. «Zack. Jetzt hat er uns gesehen.»

Er hatte sie gesehen. Er schien erstaunt zu sein. Und er schien es nicht nur, er war es auch, hatte er doch schon so lange keine Menschen mehr gesehen, die sich bewegten. Er legte seine großen Ohren an und trompetete. Die Mädchen wußten, daß, wenn ein Elefant die Ohren anlegt, Gefahr im Verzuge ist. Sie standen da wie versteinert. Angst lähmte sie. Was konnten ihre kümmerlichen Revolver und Flinten gegen einen solchen Feind ausrichten?

«Ein Königreich, ein Königreich für eine Sechs-Zoll-Haubitze», seufzte Betty.

«Dort!» flüsterte Jean. «Da haben sie die Straße aufgerissen, um Rohre zu verlegen. Der Graben ist eng und mindestens vier Meter tief. Hinein! Da kann er uns nichts anhaben.»

«Verduftet!» schrie Evelyn, und sie tauchten im Graben unter. Sie hörten das Donnern herangaloppierender Elefantenfüße, und über sich sahen sie den gewaltigen Dickhäuter. Simbo senkte seinen Rüssel in den Graben und tastete nach ihnen. Sie preßten sich an den Boden. Der Rüssel war zu kurz. Er verschwand wieder. Sie ahnten nicht, was er vorhatte.

«Elefanten sind furchtbar schlau», wisperte Evelyn. «Jetzt überlegt er. Was glaubt ihr, was er tun wird?»

«Ich an seiner Stelle wüßte, was ich täte», sagte Jean tonlos. «Ich würde den Graben mit Erde auffüllen.»

Während sie noch sprach, fielen die ersten Erdklumpen in den Graben. Simbo beugte den Kopf vor, um zu sehen, was geschah. Noch mehr Erde folgte, und es war klar, daß sie bald nur noch die Wahl hatten, entweder bei lebendigem Leibe begraben oder zu Mus zerstampft zu werden. Sie sahen seinen Schatten, während er sie immer weiter mit Erde bewarf. Ein zweiter Schatten tauchte auf.

«Es ist aussichtslos», schluchzte Jean. «Jetzt kommt ihm auch noch einer zu Hilfe.»

Plötzlich fiel keine Erde mehr herab, und ein lauter Trompetenton ließ die Mädchen erzittern. Betty machte vorsichtig einen Klimmzug und spähte über den Grabenrand.

«Ein anderer Elefant kämpft mit ihm», rief sie, und die Köpfe der Mädchen erschienen über dem Grabenrand. Ein furchtbarer Kampf entbrannte. Sie hatten keine Ahnung, worum es ging. Aber es war so spannend, daß sie nicht einmal mehr an Flucht dachten.

Folgendes war geschehen: Simbos jüngerer Rivale, Tschecko aus Aberdeen, war erschienen und sah Simbo bei der Arbeit zu. Er wartete ab – wie ein echter Schotte, der immer versucht, etwas umsonst zu kriegen. Nur allzu gern hätte er die Mädchen durch die Luft geschleudert. Unglücklicherweise kickte ihm Simbo etwas Erde ins Auge, und Tschecko nahm das persönlich.

«Das hast du absichtlich getan», schien er zu trompeten und kickte seinerseits Simbo Erde ins Auge.

Es kam zu einem Kampf, der schon lange fällig gewesen war, ein Kampf um die Führung der Herde. Es war ein erbitterter Kampf. Simbo machte dabei keine gute Figur.

«Der Jüngere wird ihn schaffen», meinte Evelyn. «Und dann knöpft er sich uns vor. Schnell weg!»

Sie krochen aus ihrem Versteck hervor. Kaum hatten sie ihre Mopeds erreicht, als sie ein triumphierendes Trompeten hörten. Sie sahen, wie Simbo zusammenbrach. Sie hatten Glück: Tschecko trampelte auf seinem bezwungenen Gegner herum.

Sie hatten schon zweihundert Meter zurückgelegt, als sich Tschecko an sie erinnerte.

Im Rückspiegel sahen sie, wie die Herde sich um ihren gefallenen Führer scharte. Dann erhob der neue Führer seinen Rüssel, und obschon sie es nicht mehr hören konnten, wußten sie, daß er zum Angriff blies. Nur gut, daß die Straße breit war. So konnten sie den kaputten Autos leicht ausweichen. Die Autos erwiesen sich darüber hinaus als äußerst günstig, da sie den Ansturm der Elefanten verzögerten. Als sie an einem größeren Auffahrunfall vorbeikamen, hatte Betty die geniale Idee, die Wagentrümmer in Brand zu setzen. Die Herde stoppte auch plangemäß vor dem lodernden Autohaufen. Dadurch gewannen die Mädchen genug Zeit, um in eine Seitenstraße abzubiegen. Bald hatten sie Ripon erreicht und bezogen das erste Hotel am Platze. Hier gab es auch wieder die Limonade mit den großen Korken, und als die Elefantenherde einige Zeit später einmarschierte, kamen die Mädchen freudig und ausgelassen zu dem Schluß, daß sie sich verdoppelt haben müsse. Herzhaftes Gelächter belohnte Tscheckos gelungenen Versuch, das «HOTEL»-Schild zu zerschmettern.

«Ich mag Elefanten», lallte Evelyn und griff zur Flasche. «Mir tun die armen Dinger leid. Da leben sie nun in den Tag hinein und haben keine Limonade.»

Daraufhin schlug sie vor, einen Eimer mit Limonade zu füllen und vor die Tür zu stellen. Dem Vorschlag wurde stattgegeben. Tschecko kam vorbei und soff den Eimer leer. Kurze Zeit später tanzte er einen alten Elefanten-Tanz. Als er dann zu Boden sank, kannte die Heiterkeit der Mädchen keine Grenzen. Tschecko war aber auch zu putzig.

Am nächsten Morgen waren sie alles andere als heiter. Leider ging es Tschecko ähnlich. Er war ausgesprochen schlechter Laune. Er stand auf dem Marktplatz, warf mit Steinmenschen um sich und behandelte seinen Harem wie den letzten Dreck. Die anderen Elefanten schienen Angst vor ihm zu haben.

Betty ergriff das Wort: «Ich fürchte, die Limonade ist ihm auch nicht bekommen. Wie sollen wir jemals fliehen?»

«Ich weiß was», trumpfte Jean auf. «Wir füllen alle Waschschüsseln dieses Hotels mit Limonade; die Elefanten trinken sie; es bekommt ihnen nicht und . . .»

«Doof bleibt doof», entschied Evelyn. «Wir sollten ihnen lieber etwas zu trinken geben, das sie besoffen macht. Mir nach! In die Bar!»

Sie schütteten Bier, Whisky, Rum und Wein in Eimer und hievten das Gemisch mit Seilen aus einem Fenster. Die Elefanten tranken. Tschecko trat herzu, kostete und trampelte die Cocktails in Grund und Boden.

«Neill würde bittere Tränen vergießen, wenn er Zeuge dieser Verschwendung wäre», sagte Betty. «Wir haben keine Hoffnung mehr, wenn wir nicht diesen Obermotz umpusten.»

«Biete ihm von den Hotel-Zigarren an», schlug Jean vor, bei der die Limonade vom Vorabend offenbar noch immer wirkte.

«Selbst wenn wir ihn töten», schnitt Evelyn ihr das Wort ab. «Ein neuer Anführer wird seinen Platz einnehmen. Ich befürchte im Moment vielmehr, daß er die Garage findet, die Tore einrennt und unsere Mopeds zertrampelt. Was können wir tun?»

«Präsentiert ihm die Hotelrechnung», meinte die immer noch zu albernen Scherzen aufgelegte Jean. «Huch! Wassndas?»

Das war der Elefant, der die vorderen Fensterscheiben einschlug.

«Können Elefanten Treppen steigen?» fragte Evelyn.

«Zirkus-Elefanten schon.»

«Ich weiß etwas», sagte Jean plötzlich. «Wir steigen auf den Dachboden und schmeißen ihm das Hotelpersonal auf den Kopf.»

Als sie es versuchten, stellte sich heraus, daß sie nur den Pikkolo nach oben schleppen konnten. So begnügten sie sich damit, dem Hoteldirektor und dem Oberkellner die Köpfe abzureißen und sie auf den Elefanten zu werfen. Sie verfehlten ihn. Inzwischen beschäftigten sich zwei andere Elefanten damit, das Garagentor einzudrücken. Die Mädchen wußten, daß sie auf der Stelle handeln mußten, jetzt oder nie.

«Wenn wir nur die Zapfsäule an der Tankstelle erreichen könnten», meinte Betty. «Ich könnte es versuchen. Wenn ich an der Regenrinne hinunterrutsche und ihr die Elefanten ablenkt . . .»

«Wie?»

«Schmeißt Frühstücksbrötchen auf die Benzinkanister dahinten links. Dann rennen die Elefanten hin, um festzustellen, was los ist. Vorwärts!»

Pling pling machten die Brötchen auf den Kanistern, und die Elefanten wandten ihre Aufmerksamkeit der linken Hofseite zu. Betty glitt hinunter, erreichte die Tankstelle und spritzte mit sattem Strahl Benzin auf den Hof. Als die Elefanten sie bemerkten, kletterte sie flink an der Regenrinne wieder hinauf und warf eine brennende Zeitung aus dem Fenster. Der Hof verwandelte sich in ein loderndes Flammenmeer; die Elefanten trompeteten verschreckt und donnerten davon.

«Schnell! Zum Hinterausgang!» rief Betty. Sie holten sich die Mopeds und verschwanden durch eine hohle Gasse. Mit der Geschwindigkeit von Kanonenkugeln rasten sie dahin. Erst in Doncaster hielten sie kurz an. Die Elefanten konnten sie jetzt kaum noch einholen. Trotzdem war es sicherer weiterzufahren. Sie tankten und setzten ihren Weg fort. In Lincoln übernachteten sie in einem Hotel. Das Hotel hatte keine Ausschankgenehmigung, und die Limonade war nicht besonders. Am nächsten Tag fanden sie Treibhäuser, aber zu dieser Jahreszeit waren die reifen Tomaten bereits verfault. Da ernteten sie die unreifen und fuhren, ohne weitere Abenteuer zu erleben, nach Summerhill zurück.

Pyecraft, Neill und die Jungens lagen immer noch in den Betten. Sie hatten die ganze Zeit gefastet. Aber das Fieber war weg, und bald konnten sie wieder essen.

«Ihr habt uns das Leben gerettet», stellte Robert fest. «Wir sind euch dankbar. Hattet ihr Schwierigkeiten?»

«Zweimal. Beim Aufstehen.»

«Habt ihr wilde Tiere gesehen?» fragte Neill.

Betty verzog nachdenklich eine Augenbraue. «Haben wir wilde Tiere gesehen, Evelyn?»

«Zwei Schafe», grinste Evelyn. Mehr wollten die Heldinnen von ihren Abenteuern nicht verraten.

FORTSETZUNG FOLGT

Kommentar

«Dies war die bisher eindeutig lausigste Fortsetzung.» Bunny war sauer.

«Aber wir haben euch das Leben gerettet», gab Betty zu bedenken.

Die Jungens lachten bitter.

«Erstens», sagte David, «kann kein Mädchen Moped fahren. Zweitens kann kein Mädchen etwas mit dem Revolver treffen. Drittens kämpfen Elefanten ganz anders. Viertens würde ich lieber sterben, als mir von einem Mädchen das Leben retten zu lassen.»

«Du bist ungerecht», tadelte ich. «Viele Frauen haben Männern das Leben gerettet, zum Beispiel Johanna von Orléans, Florence Nightingale, Elsa Brandström und ... und ... ähm ...»

«Siehst du, du weißt keine mehr. Historische Frauen zählen sowieso nicht. In den Comics ist es auch nicht anders. Da werden die Frauen immer nur gerettet. Seht euch doch die Leute an, die die dicken Dinger drehen: Hitler, Mussolini, Stalin. Alles Männer. Mädchen sind völlig überflüssig.»

«Puste David im nächsten Kapitel um», bat Evelyn. «Es wäre schön, wenn in deiner Geschichte alle Jungens sterben und nur die Mädchen am Leben bleiben.»

«Und was ist mit mir und Pyecraft?» fragte ich.

«Du könntest sterben, aber Pyecraft nicht.»

«Warum nicht Pyecraft?»

«Weil er Millionär ist. Wenn er stirbt, kannst du uns nie

mehr Geschichten erzählen, in denen Millionäre, Luftschiffe oder solche Sachen vorkommen.»

«Viele große Schriftsteller haben ihre Helden umgebracht und dann wieder zum Leben erweckt.»

«Wer?»

«Beispielsweise hat Sir Conan Doyle den alten Sherlock Holmes wiederbelebt.»

«Also gut», schaltete sich Robert ein. «Es ist unklug, den Helden sterben zu lassen. Aber Pyecraft ist schließlich nicht der Held dieser Räuberpistole.»

«Sondern?» fragte ich.

Robert lächelte überlegen. «Sag du's ihm, Michael», ermunterte er seinen Genossen.

«Ich weiß nicht recht.» Michael versuchte, Roberts stechendem Blick auszuweichen. «Ich glaube, wir alle sind die Helden. Sargnagel, Fritz und wir, nur Neill ist immer der Feigling. Warum machst du dich immer zum Feigling, Neill?»

«Möglicherweise», sagte ich ganz langsam, «möglicherweise deswegen: Wenn ich mich so darstelle, wie ich wirklich bin, fallt ihr mit lautem Knall aus allen Wolken.»

Elftes Kapitel

«Anstatt uns mit Gangstern und Wölfen messen zu wollen», sprach Neill, «sollten wir endlich ernsthaft versuchen, die Zivilisation neu anzukurbeln.»

«Wie?» fragte Robert.

«Wir könnten mit unserer kleinen Stadt anfangen und einen Stadtrat gründen. Ich werde Bürgermeister, Pyecraft wird Stadtkämmerer, und ihr Burschen werdet Straßenkehrer, damit die Straßen endlich wieder befahrbar werden. Betty kümmert sich um das Wasserwerk, und Evelyn kann einen Hutladen aufmachen. Wir könnten einen Ausflug zur Staatlichen Münze machen und unser eigenes Geld prägen. Ich hätte natürlich als Bürgermeister ein gutes Gehalt und . . .»

David unterbrach ihn begeistert: «Wir könnten die Fabrik in Leiston wiedereröffnen. Wir brauchen bloß die Maschinen in Gang zu setzen, die Drehbänke und alles. Die Fabrik hat einen eigenen Generator. Wenn man den ans Stromnetz anschließt, haben wir nachts Straßenbeleuchtung.»

«Sehr schön», meinte Neill. «Aber was genau willst du mit den Maschinen machen, wenn sie wieder in Betrieb sind? Was kannst du produzieren? Was wir am dringendsten brauchen, ist Nahrung, und ich kann mir nicht vorstellen, daß du mit deinen Drehbänken auch nur einen einzigen Brühwürfel fabrizieren kannst.»

«Brühwürfel sind viereckig», kicherte Gordon. «Vielleicht könnten wir's mit Rundstücken versuchen.»

«Jetzt weiß ich's!» rief Michael. «Wir können einen Roboter herstellen.»

«Was ist ein Roh-Botter?» fragte Bunny.

«Ein Roboter ist ein mechanischer Mensch, der alles mögliche tun kann, alles mögliche – er kann dir das genaue Datum der Schlacht bei Waterloo sagen oder wieviel irgendwas hoch zwei ist und so was.»

«Wie praktisch», lobte Neill. «Wir gehen herrlichen Zeiten entgegen. Wir brauchen uns nur noch im Sessel zurückzulehnen, während der Roboter die ganze Dreckarbeit übernimmt. Zum Beispiel kann er uns mit lauter Stimme mitteilen, wann Heinrich der Achte zum erstenmal geheiratet hat oder wieviel die Quadratwurzel aus 20164 beträgt. Fürchtet ihr nicht, wir könnten dadurch ein bißchen bequem werden?»

Michael bemerkte die beißende Ironie nicht. Er dachte an seinen Roboter. «Wir könnten ein Volk von Robotern schaffen.»

«Und wenn wir sterben?» fragte Pyecraft.

«Dann stellen sie selbsttätig neue Roboter her.»

«Nein, Michael, nein. Das ist ein Hirngespinst. Selbst wenn es dir gelänge, einen Roboter zu bauen, würde er immer nur das tun, was du ihm eingegeben hast. Ein mechanisches Ding kann nie selbst schöpferisch sein.»

«Das sehe ich anders. Haben Sie die mechanische Fütterungsmaschine in Charlie Chaplins *‹Moderne Zeiten›* gesehen? Zuerst war es ein mechanisches Ding, aber dann wurde es durchaus schöpferisch tätig. Meiner Ansicht nach haben auch Maschinen ihre Originalität.»

«Wie kommst du zu dieser Ansicht?»

«Ich habe Neill in seiner Werkstatt beobachtet. Alles, was er rund feilen wollte, wurde oval.»

«An dem, was Michael sagt, ist zweifellos etwas dran», unterbrach Neill hastig. «Metall hat einige perverse Eigenschaften, gegen die selbst solidestes handwerkliches Können nichts vermag. Dafür habe ich einige stahlharte Beweise ...»

Gordon unterbrach ihn lächelnd: «Wie wär's mit Gußeisen?» Aber sein Wortspiel konnte von Zuhörern, die noch nie etwas von den verschiedenen Härtegraden gehört hatten, natürlich nicht gebührend gewürdigt werden.

«Quatscht kein Blech», fuhr Robert dazwischen. «Wir müssen die Sache mit den Robotern weiterverfolgen. Zuerst sollten wir Zeichnungen anfertigen. Ich bin dafür, daß jeder einen Entwurf macht, und Neill bestimmt, welcher am besten ist.»

Sie begaben sich in das technische Entwicklungsbüro der Fabrik und nahmen an den Zeichentischen Platz. Jeder hatte Blaupausen vor sich, und es herrschte schöpferische Stille, wenn man von einigen nicht wiederzugebenden Verwünschungen absieht, die Michael hin und wieder ausstieß. Pyecraft machte ein Nickerchen, und Neill wandelte zwischen seinen Schülern einher, bald hier einen Rat gebend, bald dort eine Ermunterung fallenlassend.

«Sehr hübsch», kommentierte er und sah David über die Schulter. «Aber ist die Nase nicht ein wenig lang geraten?»

«Das ist keine Nase», grunzte David, «das ist ein Staubsauger.»

«Entschuldigung. Es ist aber eine gute Idee, ihn auf Skier zu stellen. Immerhin schneit es in Summerhill nahezu alle zehn Jahre einmal.»

«Das sind keine Skier», knurrte David, «sondern Panzerketten wie bei einem Raupenschlepper. Könntest du jetzt um Himmels willen verduften? Du lenkst mich ab.» Und Neill begab sich zu Gordon.

«Nicht übel, Gordon. Ein Polizeiroboter, nicht wahr?»

«Wieso?»

«Wegen der langen Arme.»

«Wieso?»

«Der lange Arm des Gesetzes», sagte Neill und ging zu Bunny, wobei er Gordons Tintenfaß auswich.

«Nun, Bunny, warum hat dein Roboter so viele Hände?»

«Damit er gleichzeitig sechs Revolver, drei Maschinengewehre und zwei Haubitzen bedienen kann.»

«Das macht zusammen elf. Wozu dient die zwölfte Hand?»

«Zum Bombenwerfen, du Hammel.» Bunny gelang es nicht, seine Verachtung zu verbergen.

Jean sammelte die Zeichnungen ein und legte sie Neill vor. Er schien einige Schwierigkeiten bei der Ermittlung des Siegers zu haben. Endlich erhob er sich, blickte auf den Entwurf, den er in der Hand hielt, hüstelte und sprach:

«Meine Damen und Herren, die Aufgabe, die Sie mir zu

übertragen die Freundlichkeit hatten, war keine leichte. Zu schwer fiel die Entscheidung, galt es doch, unter so vielen ausgezeichneten eingereichten Beiträgen den perfektesten zu bestimmen. Nach sorgfältigster Prüfung habe ich nun den Entwurf gewählt, den Sie in meiner Hand sehen. Folgende Gründe bewogen mich bei meiner Wahl: Der Entwurf besitzt Anmut; er drückt Bewegungsdynamik aus; er ist ausgewogen und strahlt innere Kraft aus. Ich halte diesen Roboter für ideal und habe nunmehr die Ehre und das Vergnügen», Neill entzifferte die Unterschrift, «Fräulein Evelyn Williams als ersten Preisträger zu beglückwünschen.»

Nachdem der spärliche Applaus verklungen war, erhob sich Evelyn. Nicht Stolz, sondern Zorn ließ ihre Stimme zittern, als sie sagte: «Ich habe gar nicht mitgemacht. Mir fiel nichts ein, da habe ich Neill gemalt.»

Als sich der Tumult einigermaßen gelegt hatte, verlieh Neill Michael den ersten Preis, allerdings mit der Auflage, einige Anregungen seiner Konkurrenten großzügigerweise aufzugreifen. Michael war gern dazu bereit.

«Zunächst muß man», sagte David und wischte sich die Nase an seinem Arbeitskittel ab, der ihm um mehrere Nummern zu groß war, «in der Versuchsabteilung Muster aus Holz anfertigen. Dann gießen wir die Modelle in Metall.»

Die Muster fielen nicht schlecht aus. Nun erhob sich die Frage des Gießens. Neill wurde zum Oberformer ernannt, da er, wie er sagte, schon als Kind immer einen Hang zum Bleigießen besessen habe. Nachdem er alle Formen ruiniert hatte, wurde beschlossen, die Roboter aus Messingblech herzustellen, DIN 1800 1/3 ... aber es würde zu weit führen, hier alle technischen Daten und Details aufzuzählen. Es mag genügen zu sagen, daß Michaels Roboter eines schönen Morgens auf einen Lastwagen gewuchtet und zum Hockeyplatz gefahren wurde. Der große Moment war gekommen. Michael hatte ungeheures Lampenfieber.

«Sei unbesorgt», sagte Pyecraft. «Der Roboter wird den Test bestimmt überstehen.»

«Ich auch», sagte Michael mit zitternder Stimme. «Ich wüßte nur zu gern, wo ich meinen magnetischen Schraubenschlüssel gelassen habe. Ich glaube, ich hab ihn rausgenommen, aber ganz sicher bin ich da nicht.»

«Fangt doch an», drängte Robert.

«Gern», hüstelte Michael. «Ich erkläre euch mal, wie er funktioniert. Wenn ich Knopf A drücke, geht er. Wenn ich Knopf B drücke . . .»

«Ich weiß», riefen Jean und Betty im Chor, «dann kriegst du deinen Groschen zurück.»

Michael sah sie vernichtend an und fuhr fort: «Wenn ich Knopf B drücke, spricht er.»

«Fang lieber mit B an», schlug David vor. «Bei A fängt er vielleicht an rumzurennen und bleibt nie wieder stehen.»

«Aber», wandte Evelyn ein, «wenn du Knopf B drückst, redet er vielleicht und hört nie wieder auf.»

«Das Wort ‹Roboter› ist männlich, liebe Evelyn», Robert grinste hämisch. «Los, Michael, drück B.»

Michael drückte auf Knopf B. Ein furchtbarer Lärm ertönte, so, als würde ein Ford vom Baujahr 1910 angelassen. Dann klappte der Mund des Roboters auf und zu wie eine Rattenfalle. Michael korrigierte etwas mit dem Schraubenzieher, und die Kiefer arbeiteten mit einer solchen Geschwindigkeit, daß es sich anhörte wie ein Maschinengewehr. Michael schraubte noch ein bißchen, und die Bewegungen wurden wieder langsamer. Allerdings machte der Roboter keine Anstalten zu sprechen.

«Vielleicht ist er ein wohlerzogener Roboter», versuchte Evelyn zu überbrücken, «der nur spricht, wenn er gefragt wird.»

«Wieviel Uhr ist es?» fragte Bunny.

Die Augen begannen zu flackern. Rote, grüne und blaue Lampen leuchteten auf, und sämtliche mechanischen Augen des Roboters richteten sich auf Bunny.

«Gleich antwortet er, glaube ich», keuchte David. «Frage ihn noch mal.»

«Wieviel Uhr ist es?»

Das Getriebe knirschte. «Grrrrrr!» sprach der Roboter. Dann begann er langsam mit unpersönlicher Stimme zu zählen: «Eins–zwei–drei–vier–fünf–sechs...» An dieser Stelle wurde er erheblich schneller: «873986763296574897865534276645.»

Neill sah auf die Uhr. «So spät ist es schon? Meine geht nach.»

«Grrrrrr», sagte der Roboter, und in seinem Innern krachte etwas.

Michael betätigte sich mit dem Schraubenzieher.

Da Michael beschäftigt war, fragte Pyecraft Robert, wozu die anderen Knöpfe gut seien. «Knopf C bewirkt, daß der Roboter zu einer in seinem Bauch eingebauten Schallplatte tanzt. Knopf D ... was mit dem ist, habe ich vergessen.»

«D», sprang Gordon ein, «ist der Mathe-Knopf. Man stellt dem Roboter eine mathematische Frage, und er gibt die Antwort.»

«Den wollen wir mal ausprobieren», begeisterte sich Neill, und als Michael aus dem Inneren des Roboters wiederaufgetaucht war, drückte Neill auf Knopf D. «So. Stellt ihm eine Aufgabe.»

«Laßt mich mal», verlangte Pyecraft. «Wenn der Dollarkurs gegenüber dem englischen Pfund bei 4,7 liegt, wie viele Dollars bekomme ich für 56 Pfund und 10 Shilling?»

Prompt kam die Antwort: «56 Tonnen, 16 Fuder und drei Viertel.»

«Bravo!» rief Neill. «Famos! Er könnte ein Summerhill-Schüler sein!»

«War die Antwort richtig?» fragte Evelyn.

«Ich glaube nicht», antwortete Michael verdrießlich und ging dem Roboter erneut mit dem Schraubenschlüssel zu Leibe. Dann geschah etwas. Der verloren geglaubte magnetische Schraubenschlüssel hatte wohl einen Kurzschluß verursacht, denn alle Knöpfe schienen plötzlich gleichzeitig zu wirken. Unter dem Einfluß von Knopf A lief der Roboter im Kreise, dann blieb er unvermittelt stehen, und Knopf C übernahm die

Der Roboter trat Pyecraft in den Hintern,
und alle flohen ins Haus.

Kontrolle. Die Schallplatte spielte, und der Roboter wagte ein Tänzchen. Dann schien es, als operierten B und D gemeinsam, denn der Roboter redete in einem fort mathematische Formeln daher. Wieder kam Knopf A zum Zuge, denn der Roboter trat Pyecraft in den Hintern, und alle flohen ins Haus. Der Roboter zog immer weitere Kreise und krachte schließlich gegen einen Baum. Er knarrte ein letztes Mal und rührte sich nicht mehr.

«Ich finde, es war gemein von Neill, ständig Witze zu reißen», meinte Michael beim Mittagessen. «Schließlich kann ich nichts dafür, daß die blöden Drähte sich kurzschlossen.»

«Ich habe keine Witze gemacht», protestierte Neill. «Das Ding als solches ist ein Witz.»

«Wieso?»

«Er ist zum Schreien komisch. Ich gebe zu, du hast ihn ganz schlau konstruiert; ich räume außerdem ein, daß du ein technisches Genie bist, aber du hast den falschen Roboter gebaut.»

«Wie meinst du das?»

«Wir brauchen keinen Roboter, der uns sagt, wieviel Uhr es ist, oder mathematische Lügen verbreitet. Mathematische Fehler können wir selber machen. Einen Roboter, der zu heißer Musik tanzt, kann ich noch weniger gebrauchen. Denn einen Vorteil hat diese Stein-Zeit: Es gibt keine Saxophonisten und Schlagersänger mehr. Warum macht ihr keinen nützlichen Roboter?»

«In Ordnung», sagte Robert. «Welche Art von Roboter würde dir gefallen?»

«Nun, ich wünsche mir einen Roboter, in dem sich die Qualitäten eines Hausdieners mit den Vorzügen eines kultivierten Menschen verbinden.»

«Zum Beispiel?»

«Ich möchte einen Roboter, der mir das Bett macht, ein Frühstück bereitet, abwäscht, den Fußboden fegt und so weiter. Abends drücke ich dann auf einen Knopf, und er spielt eine Etüde von Chopin, oder, noch besser, er verwandelt sich in ein ganzes Symphonieorchester. Vielleicht hat er dann noch einen Extra-Knopf; wenn man da drauf drückt, malt er mir Ölgemälde wie Picasso oder Matisse.»

«Neill hat recht, soweit es ihn selbst betrifft», meinte Pyecraft. «Alles läuft darauf hinaus, daß jeder von uns seinen eigenen Roboter braucht. Soll Neill doch seinen klavierspielenden Roboter haben; soll Bunny seinen Gangster-Roboter haben. Ich bin bescheidener: alles, was ich gerne hätte, wäre ein Roboter, der mir jeden Tag in vertretbaren Abständen ein Schlaflied singt.»

Die Kinder vereinten ihre mannigfachen Talente und stellten für jeden einen eigenen Roboter her. Und ein paar Wochen später hatten alle ihren persönlichen Gefährten. Unglücklicherweise traten einige Mängel auf. Pyecrafts Roboter sang zwar Schlaflieder, aber seine Stimme war so krächzend und laut, daß der arme Pyecraft den ganzen Tag kein Auge zutun konnte. Er löste das Problem mit einem Vorschlaghammer. Neills Roboter war musikalisch und spielte recht artig das Piano, aber aus irgendeinem unerfindlichen Grund brachte er keinen Chopin, sondern er spielte Bach, Bach und nochmals Bach, und wenn es Musik gab, die Neill die Laune verdarb, dann die von Bach. Auch auf seine hausfraulichen Fähigkeiten war nicht immer Verlaß, denn manchmal spülte er das Geschirr, bevor er serviert hatte, und Neill haßte den Anblick von Eiern mit Schinken, die energisch mit Vim in den Ausguß geschrubbt werden. Die Jungens versuchten, den Roboter besser zu programmieren. Danach spielte er Bach auf der Butter und wischte die Klaviertasten mit Bratenfett ab. Außerdem mußte David die Kunst-Schaltung herausnehmen, denn der Roboter schien sein Gesicht für eine Leinwand zu halten, so daß David an manchen Tagen aussah wie eine Bratwurst im Tarnanzug.

Auch die anderen Roboter waren nicht vollkommen. Bunnys Gangster entwickelte sich zu einer wahren Landplage. Bunny war zwar vorsichtig genug, ihm nur Platzpatronen zu geben, trotzdem beschwerten sich die anderen, es sei kein Vergnügen, morgens um drei von einem Roboter geweckt zu werden, der zwischen den Betten herumpoltert, «Flossen hoch!» brüllt und mit Platzpatronen um sich ballert.

Gordons Roboter hinwiederum war ein mathematisches Wunderkind, das alle Wände mit Gleichungen, Sinuskurven und Parabeln beschmierte: ein harmloses Geschöpf zwar, aber doch irgendwie ermüdend.

Evelyns Roboter oder besser Evelyns Robotesse benahm sich noch am besten. Sie verbrachte Stunden damit, Kleider anzuprobieren und sich die Lippen zu bemalen. Zeitweilig bekam sie epileptische Kußanfälle. Sie küßte alles und jeden, den versteinerten Chad nicht ausgenommen.

«Merkwürdig», bemerkte Pyecraft und musterte Evelyn scharf, «ich glaube, Roboter ahmen nur das nach, was sie bei Menschen beobachtet haben.» Und Evelyn errötete stark und sah David an, und David errötete noch stärker.

Ein weiterer großer Nachteil der Roboter war der, daß man ihre Batterien ständig aufladen mußte. Bettys Roboter, der Küchenroboter, hatte die Eigentümlichkeit, daß ihm immer dann der Saft ausging, wenn er einen Topf vom Herd nahm. So wurde manches Gericht ruiniert. Jeans Roboter war ein Komiker, da Jean selbst auch sehr komisch war. Sie hatte einen zweistimmigen Roboter konstruiert, den sie Dick und Doof taufte (Knopf A und Knopf B). Aber Jean hatte auch eine leicht religiöse Ader. Dafür war Knopf C zuständig, der Jean mit einer erbaulichen Predigt versorgte, wenn ihr danach zumute war. Manchmal drückte sie im Dunkeln auf die falschen Knöpfe, und das hörte sich dann so an:

«Letzte Nacht war es ein bißchen später geworden, meine Frau sagte ...»

«Wehe dir, der du dem Weine ergeben bist und reuig mit den Zähnen knirschst. Wahrlich, wahrlich, ich sage dir ...»

«Das weiß ich selber. Die Antwort muß Zitrone lauten. Da wir gerade von Obst sprechen: sieht ein Käse aus wie ...»

«Ein hoher Berg, von dem er hinabblickte, und siehe ...»

«Das Mädchen hatte ihr Strumpfband verloren.»

«Kniet nieder, ihr Kleingläubigen!»

Jean war schockiert, aber sie schien häufiger auf die falschen Knöpfe zu drücken als nötig.

Roberts Roboter war ein Gärtner. Er verstand es, eine Schubkarre vollzuschaufeln und damit herumzufahren. Er konnte pflügen und pflanzen, und Robert war entsprechend stolz auf ihn. Der einzige Fehler war des Roboters ungezügelte Arbeitswut. Er begnügte sich nicht damit, auf dem Hockeyplatz Kartoffeln zu pflanzen, sondern bestand darauf, auf dem Beton vor der Garage Kohl zu ziehen. Eines Tages war er kaputt, und Robert trug ihn in Neills Werkstatt, um ihn zu reparieren. Zwischendurch mußte Robert zum Mittagessen. Als er zurückkam, hatte sein Roboter alle Schraubenzieher in die Hobelbank gepflanzt und begoß sie eifrigst. Eines Tages entwickelte er den unheilbaren Drang, Zwiebeln zu stecken. An den folgenden Tagen pflanzte er nacheinander Salat, Kapuzinerkresse, Artischocken und Steckrüben – alles auf demselben Fleck. Dann versuchte er, Betty einzupflanzen, und Robert wurde durch Mehrheitsbeschluß aufgefordert, den Roboter abzustellen, wenn er unbeaufsichtigt war.

Michaels Roboter war ein reiner Luxus.

«Ich habe einen entworfen, der nicht arbeitet. Er heißt Colonel Blimp.»

Colonel Blimp war in mancher Hinsicht der interessanteste Roboter. Er stolzierte herum und sagte: «Well, Sir, zu meiner Zeit ...» Dann lehnte er sich in einem Klubsessel zurück und sprach stundenlang von Fuchsjagden und von «unserem stolzen Britischen Imperium».

Eines Abends sagte Neill: «Mir ist gerade etwas zu diesen Robotern eingefallen. Ich habe folgende Theorie: Jeder von euch hat einen Roboter gebaut, der sein eigenes Unterbewußtsein ausdrückt. Michael zum Beispiel: er ist Kommunist und baut sich diesen reaktionären Blimp. Warum? Weil Colonel Blimp Michaels verdrängtes Ich ist, so, wie der Gangster Bunnys verdrängtes Ich darstellt.»

«Und wie ist es mit meinem Roboter?» fragte David. Und Neill mußte gestehen, daß er keine Ahnung habe, denn Davids

Schöpfung war äußerst kompliziert. Es war ein Gewerkschaftsfunktionär, und zwischen ihm und Colonel Blimp entwickelte sich sofort eine starke Freundschaft. Sie hatten soviel gemeinsam: beide liebten sie Klubsessel, Luxus und – das war das Wichtigste – schwangen gern große Reden. David hatte ihm vorne eine Aktionseinheit eingebaut, und wenn er eine seiner mitreißenden Reden hielt, ging – sehr zur Freude von Colonel Blimp – jedesmal die Aktionseinheit kaputt. Manchmal hatte er einen Kurzschluß, und dann schrie er stundenlang: «Kollegen, seid doch vernünftig! Kollegen, seid doch vernünftig!» Neill fand, dieser Roboter sei der natürlichste von allen, und bat David, ihm einen Namen zu geben. David taufte ihn Sir Roborosa. Sir Roborosa hatte unverwüstliche Ansichten über die Verantwortungslosigkeit streikender Arbeiter, und der Anblick einer roten Fahne konnte ihn zum Mörder machen. Aber er hatte eine schöne Singstimme, und manchen Abend vertrieben sich die Jungens mit Colonel Blimp und Sir Roborosa, die im Duett patriotische Lieder wie ‹*Rule Britannia*› und ‹*Land of Hope and Glory*› sangen. Michael versuchte, ein wenig an ihnen herumzubasteln, damit sie die ‹*Internationale*› sängen, aber das Ergebnis war, daß die beiden in der Werkstatt frisch überholt werden mußten.

Robert, dessen Hobby die Schwarze Kunst war, hatte einen Drucker konstruiert. Er druckte das Parteiorgan ‹*Summerhill Daily Worker*›, aber die Mädchen beschwerten sich und riefen nach der Zensur. Pyecraft wurde Zensor. Oft war das Blatt auf allen vier Seiten völlig eingeschwärzt. Da verlor Robert allen Mut. Er modelte den Roboter zum Kammerdiener um. Jetzt bürstete er morgens Roberts Anzüge aus, band ihm den Schlips und putzte ihm die Schuhe. Neill schlug vor, daß diese Dienste der Allgemeinheit zugänglich gemacht werden sollten, und Robert war einverstanden. Es war kein großer Erfolg. Der Roboter versuchte immer, Jean die Hosen von Pyecraft anzuziehen und, schlimmer noch, Pyecraft die Strümpfe von Jean. Außerdem schien er die fixe Idee zu haben, Michaels Gesicht sei ein Stiefel, und Michaels sonst eher ausgeglichene Wesensart wich mehr und mehr einer stumpfen Verzweiflung, da er ständig schwarze Schuhwichse ausspucken mußte. Also modelte Robert seinen Roboter erneut um und machte ihn – für alle Fälle – zu einem Feuerwehrmann. Er war so lange Feuerwehrmann, bis Neill, des Umstands überdrüssig, daß immer dann, wenn er sich eine Zigarette anstecken wollte, das Haus unter Wasser stand, den Roboter in hohem Bogen in den Ententeich warf.

Robert sagte, es sei nicht der Mühe wert, ihn wieder herauszuholen und zu entrosten.

Danach ebbte die Roboter-Mode ab. Den Kindern wurde es lästig, die Roboter unablässig zu warten – Ölwechsel, Batterien aufladen usw. –, und schließlich lagen die Roboter in der Gegend herum und rosteten. Neill stellte Colonel Blimp so auf, daß er Chads Armhaltung beobachten konnte. Bevor Colonel Blimps Batterie endgültig ausgelaufen war, sagte er noch einiges über Kleinbürger, die es wagen, Golf zu spielen.

Seine genauen Worte können wir hier leider nicht wiedergeben.

FORTSETZUNG FOLGT

Kommentar

«Nicht schlecht, aber unwahrscheinlich», sagte Michael.

«Ich mochte es gar nicht», sagte Betty. *«Und den blöden politischen Kram mit dem Gewerkschaftsfunktionär und Blimp habe ich nicht verstanden.»*

«Es hätte ein gutes Kapitel werden können», meinte David, *«wenn wir nicht so unmögliche Sachen hätten machen müssen. Wir könnten doch niemals einen Roboter konstruieren, der spricht oder singt?»*

«Du hattest nichts dagegen», gab ich zu bedenken, *«im Kopfstand mit dem Colt sechs Eier zu treffen. Ist das nicht genauso unmöglich?»*

«Natürlich nicht», sagte David. *«Leute wie Buffalo Bill*

schafften das, aber bisher hat es noch nie Roboter gegeben, die konnten, was du alles aufgezählt hast.»

«So was könnte man nur im Traum machen», meinte Betty.

«Was du da sagst, ist sehr aufschlußreich», lobte ich. «Im Traum ist alles möglich. Wenn im Traum also alles möglich ist, warum nicht auch in einer Geschichte? Schließlich sind Märchen nichts anderes als die Träume unserer Vorfahren. Ihr alle mögt das Märchen von Aladin und der Wunderlampe. Was habt ihr gegen Neill und die Roboter?»

David sagte: «‹Aladins Wunderlampe› ist ein Märchen, und wir mögen es in seiner Eigenschaft als Märchen. Aber deine Geschichte ist weder Fisch noch Fleisch. Sie ist manchmal wie eine wahre Geschichte und manchmal wie ein Märchen.»

Gordon gab David recht: «In ‹Moderne Zeiten› ist Charlie Chaplin ganz prima, aber in einem Film, in dem er zum Beispiel am Nordpol strandet, wäre er doof.»

«Damit sagst du, daß man Komödien oder Tragödien nicht mit offensichtlich unwahrscheinlichen Albernheiten verbinden darf. Aber warum nicht? Meine Roboter sind nicht weniger wahrscheinlich als die Roboter in einem Science-fiction-Film.»

«Neill, du bist auf dem falschen Weg», meinte Robert. «Je eher die Geschichte wieder realistisch wird, desto besser.»

«Was verstehst du unter realistisch?»

«Na, Revolver, Gangster, Löwen und Tiger und alles. Das ist realistisch.»

«In Ordnung», sagte ich. «Ihr werdet mehr Realismus bekommen, als ihr verkraften könnt.»

Zwölftes Kapitel

Ein Jahr war vergangen, seit die Wolke alles menschliche Leben zerstört hatte. Weihnachten war gekommen, und Jean hatte ein opulentes Festmahl bereitet. Robert druckte die Speisekarte.

SPEISENFOLGE

Horsd'œuvre
(gebratene Schnecken, eingelegte Regenwürmer
geschmorte Käfer)
Maulwurf mit Mayonnaise
Rattenschwanzsuppe bürgerlich
Mäusekotelett mit Zahnpastasauce
Gesichtsnährcremetorte mit Lippenstiftgelee
Schweizer Käse
Kaffee
Zigarren und Liköre

Es war herrlich. Aus dem Gemischtwarenladen holten sie Weihnachtsgebäck und Kerzen. Wein, Likör, Zigarren und Zigaretten gab es im Überfluß. Keiner war sehr hungrig, und von der Vorspeise und den ersten vier Gängen blieb eine ganze Menge übrig. Richtig lustig wurde es erst, als der Käse serviert wurde. Gordon hatte sich eine Gasmaske aufgesetzt, und es sah so komisch aus, wie er den Käse durchs Eßzimmer jagte, daß alle lachten.

Neill, Pyecraft und die Jungens steckten sich nach dem Essen Zigarren an, und nacheinander fragten sich die Jungens, ob es nicht vielleicht Regen geben würde, und gingen hinaus, um nach dem Wetter zu sehen. Es dauerte lange, bis sie ausreichend nach dem Wetter gesehen hatten. Pyecraft und Neill konzentrierten sich inzwischen auf die Schnäpse, und die Mädchen tranken zwei Flaschen Limonade, jene mit den großen Korken. David kam von der Wetterbeobachtung zurück, Neill bot ihm noch eine Zigarre an, und David verschwand eilig wieder.

Später saßen sie am Kamin und tauschten ihre aufregenden Erfahrungen aus. Zum erstenmal berichteten die Mädchen von ihren Abenteuern mit den Löwen und Elefanten, und die Jungens lauschten atemlos.

«Ich frage mich, was die Zukunft bringen wird», sann Pyecraft. «Wo werden wir nächstes Jahr zu Weihnachten sein? Vielleicht sind wir dann schon alle tot. Mich persönlich läßt das ziemlich kalt. Ich hatte ein ausgefülltes, interessantes Leben.»

«Warum waren Sie nie verheiratet?» fragte Betty, die sich immer für Liebesgeschichten interessierte.

Pyecraft lachte leise. «Weil du zu spät geboren bist, meine liebe Betty», antwortete er galant. «Aber, im Ernst: Ich verlor sie, weil sie dünne Männer bevorzugte.»

«Das ist ja ein dickes Ding», sagte Gordon.

Pyecraft kicherte in sich hinein. «Das war sie auch, als ich sie zum letztenmal sah.»

«Wann war das?»

«Als wir in Chicago waren, bin ich auf einen Sprung bei ihr vorbeigegangen. Da stand sie und starrte wie versteinert auf eine Flasche.»

«Was für eine Flasche?»

«Ein Schlankheitstonikum.»

«Ausgleichende Gerechtigkeit», stellte Betty fest. «War sie sehr dick?»

«Die arme Nancy hatte ganz schön zugenommen. Hätte sie mich geheiratet, wäre sie wohl vor lauter Ärger das schlanke, anmutige Geschöpf geblieben, das sie vor vierzig Jahren war. Aber auch du beginnst, etwas vollschlank zu werden, Betty.»

«Ich weiß. Ich verzichte auch schon auf Schnecken und Rattenleber.»

Die Männer pafften schweigend.

«Ich glaube», brach Neill das Schweigen, «das Leben wird jetzt immer langweiliger. Nachdem die Deutschen in Frankreich von den Wölfen gefressen wurden, sind wir ganz sicher die allerletzten Menschen auf Erden. Die wilden Tiere stellen keine große Gefahr mehr dar, und da wir uns auf Schnecken, Mäuse, Käfer und Spinnen umgestellt haben, ist auch die Beschaffung von Nahrung kein Problem mehr.»

«Könnten wir die Spinnen nicht häufiger zu Rouladen verarbeiten? Ich kriege immer die Beine zwischen die Zähne und ...»

«Grrgh», gurgelte Jean und ging hinaus, um ihrerseits nach dem Wetter zu sehen.

«Ihr bemerkt also», fuhr Neill fort, «wie trostlos das Leben wird. Die Gier nach Besitz – Halsketten, Taschenmesser usw. – haben wir längst überwunden. Wie ich die Sache sehe, werden wir hier an Altersschwäche sterben. In ein paar Jahren werden die Kinder heiraten und Familien gründen. Vielleicht bringen sie etwas Neues zustande. Ich glaube allerdings nicht, daß sie sehr weit kommen werden, da sie alles Wissen der Vergangenheit verloren haben. Das Leben wird langweilig werden.»

Draußen ertönte ein schriller, herzzerreißender Schrei, und Jean stürzte herein.

«Da kommen Leute die Einfahrt herauf!» keuchte sie.

Alle sprangen auf, und ganz mechanisch griff jeder nach einem Revolver. Sie spitzten die Ohren und lauschten.

«Schritte», flüsterte Neill. «Wer kann das so spät noch sein?»

Es wurde laut an die Tür gepocht.

Robert faßte sich ein Herz: «H–H–He–Herein!»

Die Tür öffnete sich langsam, und ein Mann stand auf der Schwelle. Hinter ihm drängten sich noch fünf andere. Furchteinflößend sahen sie aus: ungekämmt, ungewaschen, mit wochenalten Bärten, die Augen wild und hungrig.

«Wer sind Sie?» stammelte David. «Was wollen Sie?»

«Essen», knurrte der Kerl, der die Tür geöffnet hatte.

«Kommen Sie rein und nehmen Sie Platz», lud Pyecraft sie ein. «Wie wär's mit einem Gläschen?»

Sie schlurften herein und setzten sich. Pyecraft goß jedem ein Glas Schnaps sein. Sie stürzten ihn hinunter. Die Mädchen waren in der Küche verschwunden, um so etwas wie ein Mahl zusammenzukratzen. Die Fremden hockten da und schwiegen.

«Woher kommen Sie?» fragte Michael freundlich.

«Zuchthaus Dartmoor», antwortete der Wortführer.

«Und wie sind Sie der grünen Wolke entkommen?»

«Ich weiß nicht, was du damit meinst. Wir waren ausgebrochen und versteckten uns in einer alten Zinnmine. Am nächsten Morgen wollten wir feststellen, ob wir verfolgt werden. Da sehen wir draußen einen Bullen stehen und hauen ihm 'ne Schaufel über den Brägen. Da merken wir, daß er aus Stein ist. Wir waren natürlich geplättet. Na, und später entdecken wir, daß alle versteinert sind.»

«Aber woher wußten Sie, daß wir hier waren?» fragte Neill.

«Wußten wir gar nicht. Wir haben Licht im Fenster gesehen.»

Die Mädchen brachten Essen, und die Sträflinge stürzten sich darauf. Sie fraßen wie die Tiere – ohne Messer und Gabel. Wein und Schnaps heiterten sie etwas auf, und der Anführer lächelte sogar ein wenig.

«Entschuldigen Sie meine schlechten Manieren», sprach er, stand auf und deutete eine Verbeugung an. «Wir hätten uns gleich vorstellen sollen. Ich bin Häftling Nummer 99; meine Kollegen hier sind 23, 65, 78, 91 und 97.»

«Lebenslänglich?» fragte Robert.

«Jawoll. Alle.»

«Wofür?» fragte Michael.

«Mord.» 99 kippte seinen Schnaps und zeigte mit dem leeren Glas auf seine Freunde. «Wir alle.»

«Wie interessant», meinte David und lächelte entgeistert.

«Sagten Sie Zinnmine?» fragte Neill.

«Jawoll. Warum?»

«Ich denke über die Wolke nach. Da muß es irgendeine chemische Affinität zwischen Zinnoxyd und der Wolke gegeben haben, etwas, was die versteinernden Eigenschaften der Wolke neutralisiert hat.»

«Ist mir Wurscht», sagte 99 und sah sich im Zimmer um.

«Hübsch haben Sie's hier. Können wir heute nacht hier pennen?»

«Gern», antwortete Neill. «Dies war früher ein Internat, und wir haben mehr Betten als genug. Das Problem der Nahrungsbeschaffung ist viel schwieriger. Wir müssen uns jeden Tag viele Stunden lang etwas zum Essen fangen.»

«Fangen?» fragte 23. «Wir haben seit Wochen nichts mehr zum Fangen gesehen, nicht mal eine Ratte. Wir haben hauptsächlich von Baumwurzeln und Grünzeug gelebt. Wie fangen Sie sich Ihre Fressalien?»

«Meistens graben wir. Manchmal haben wir Glück und fangen einen Frosch oder einen Igel; in der Hauptsache aber suchen wir Würmer, Käfer und Spinnen.»

99 hatte plötzlich einen merkwürdigen Gesichtsausdruck. «He! Soll das heißen, daß wir eben Käfer und Spinnen gefressen haben?»

«Nein», sagte Betty. «Die waren uns ausgegangen. Da haben wir Ihnen Schnecken und junge Ratten serviert.»

«Also, mir hat's geschmeckt», lachte 78 und legte 99 begütigend die Hand auf die Schulter. «Außerdem ist es nicht fein, eine Dame zu fragen, was sie ins Essen gemischt hat.»

99 grunzte und goß sich einen Whisky ein.

Pyecraft und Neill zeigten ihnen ihre Betten. Dann waren unsere Freunde wieder unter sich und besprachen die neue Lage.

«Das sieht uns wieder ähnlich», meinte Gordon. «Wir teilen uns die Welt mit einer Mörderbande. Die bringen uns alle um, während wir schlafen.»

«Das», sagte Neill, «ist unwahrscheinlich. Sie haben kein Motiv. Niemand mordet ohne Motiv. Trotzdem solltet ihr eure Türen verriegeln und Revolver unter dem Kopfkissen haben.»

«Keine Sorge», beruhigte Pyecraft. «Die ziehen morgen weiter.»

Es wurde Morgen, und die zogen nicht weiter. Sie erklärten, sie wären gern einmal in guter Gesellschaft und würden deshalb noch ein wenig bleiben, wenn niemand etwas dagegen hätte.

91 schien noch der Netteste von ihnen zu sein, und die Kinder schwatzten ein bißchen mit ihm.

«Wen haben Sie ermordet?» fragte Bunny.

«Och», machte 91, «99 hat gestern abend etwas aufgeschnitten, vielleicht, damit ihr Gesprächsstoff habt. Wir sind nicht alle Mörder. Nur 99; der hat ein Mädchen erdrosselt. Ich dagegen habe eine Bank gegründet. 23 ist Fälscher, 65 Einbrecher, 78 Taschendieb und 97 Heiratsschwindler. 99 hatte Lebenslänglich; ich hatte nur fünf Jahre.»

Später unterhielten sich die Jungens darüber.

«Es ist also gar nicht so schlimm, wie wir dachten», freute sich Michael. «Nur einer von ihnen ist ein richtiger Mörder.»

«Stimmt», gab Robert zu, «aber findest du es nicht komisch, daß wir jetzt sechs Männer auf dem Hals haben, die für die menschliche Gesellschaft nutzlos waren – mehr als das: auf Kosten der Gesellschaft führten sie ein Schmarotzerleben. Sie sind Para ... Para ... paradox.»

«Paranoiker», verbesserte David.

«Richtig. Diese Paranoiker leben von anderen wie Flöhe vom Hund. Ich befürchte folgendes: Wenn wir sie weiter durchfüttern, lassen die sich hier nieder, und wir müssen sie ernähren.»

Eine Woche verging, und Roberts Befürchtungen bewahrheiteten sich.

«Wir können diese faulen Tölpel nicht länger bedienen», entschied Neill. «David, sprich mit ihnen. Sag ihnen, sie sollen bei der Nahrungssuche mithelfen, wenn sie hierbleiben wollen.»

«Wer ist hier der Schulleiter?» fragte David. «Sag du es ihnen.»

Am nächsten Morgen – die Jungens fingen Schnecken auf dem Rasen, und die Zuchthäusler sahen ihnen dabei zigarrenrauchend zu – trat Neill zu den Sträflingen.

«Die Kleinen spuren ja prächtig», meinte 23 anerkennend.

«Seht mal, wie der kleine Dreikäsehoch die Schnecken in die Falle scheucht.»

«Warum schließen Sie sich nicht den Kindern an, um zu lernen, wie man's macht?» schlug Neill schüchtern vor.

23 drehte sich um und blickte ihn voll an. «Ich soll Schnekken jagen! Man sieht es mir vielleicht nicht mehr an, aber ich war was Besseres, Herr! Ich war der beste Scheckfälscher von England.»

«Das bezweifle ich nicht im mindesten. Aber unglücklicherweise besteht im Augenblick kein rechter Bedarf an gefälschten Schecks. Wir brauchen Essen.»

«Genau. Und dafür sorgen die lieben Kleinen dort ja ausgezeichnet.»

«Sicher. Aber man braucht unglaublich viele Schnecken, wenn wir alle satt werden wollen. Es gibt auch noch andere Möglichkeiten: Man kann nach Würmern graben, junge Ratten fangen und Mausefallen aufstellen.»

99 hatte wortlos zugehört. «Die Kinder werden doch spielend damit fertig», schaltete er sich nun ein. «Außerdem haben sie den ganzen Tag nichts anderes zu tun. Und wenn sie keine Lust mehr haben, werden wir sie schon aufmuntern.» Er lachte vielsagend.

Die Jungens hatten das meiste gehört und berieten sich im Flüsterton. Dann gingen sie fort.

«Aha, und jetzt zum Mäusefang», kommentierte 65, der nicht ahnte, daß die Jungens in Streik getreten waren.

Die Mädchen streikten ebenfalls. Um eins kam 99 in die Küche und rief: «Beeilt euch mal ein bißchen mit dem Essen!»

Jean erklärte ihm seelenruhig, es gebe heute nichts zu essen.

«Und warum nicht?»

«Wenn Sie in diesem Hause essen wollen, müssen Sie sich etwas besorgen.»

«Also daher weht der Wind? Wir werden ja sehen.» Er ging ins Eßzimmer und berichtete seinen Genossen, was vorgefallen war. «Aber», brüllte er, «wir werden es diesen kleinen Kröten schon zeigen. Wenn die glauben, wir würden arbeiten, müssen sie noch einiges dazulernen. Überlaßt das ruhig mir.» Er schnallte seinen Gürtel ab und ließ ihn durch die Luft pfeifen. Dann ging er hinaus. Im Flur traf er Bunny. Er packte ihn und begann mit seinem Gürtel auf ihn einzudreschen. «Dich wer' ich lernen, daß man tut, was einem gesagt wird», röhrte er.

Plötzlich fühlte er, wie sich etwas in seinen Rücken bohrte, und vernahm Bettys sanfte Stimme: «Flossen hoch, Herr 99. Noch einen Schlag, und ich schicke Sie dorthin, wo Sie hingehören.»

99 hob die Hände. Betty sagte: «Vorwärts!» und geleitete ihn vor die Tür. «So. Und jetzt hauen Sie ab!» Sie zielte auf ihn, bis er außer Schußweite war. Genauso waren die Jungens mit den anderen Ganoven verfahren. Als die Sträflinge Anstalten machten, nicht zu gehorchen, feuerte Pyecraft eine Salve in die Luft, und sie liefen wie die Hasen.

«Die wären wir los», meinte Robert mit einem Seufzer der Erleichterung.

«Sie werden zurückkommen», sagte Betty nervös. «Ich habe sie belauscht. Einer sagte, es sei schade, daß sie ihre Revolver nicht mitgenommen hätten. Sie waren ihnen zu schwer, und zu schießen gab es ja sowieso nichts. Jetzt holen sie sie und kommen wieder.»

Neill war anderer Meinung, aber die Kinder wollten nichts riskieren und verbarrikadierten die Schule. Sie vernagelten die Fenster mit Brettern und verstärkten die Türen mit Eisenstangen. Tagsüber wurden Wachen aufgestellt, um die Jäger und Sammler zu beschützen; nachts saßen sie im Dunkeln und lauschten. So verging eine Woche.

«Jetzt kommen die sicher nicht mehr zurück», sagte Neill.

«Doch», widersprach Pyecraft düster. «Ich habe so eine Vorahnung. 99 wird mich erwischen.»

«Unsinn», tadelte Neill. «Warum gerade 99?»

«99 war immer meine Unglückszahl. Mein Mädchen brannte mir im Jahre 1899 durch. Meine 99. Filiale brannte ab, und ich hatte keine Feuerversicherung für sie abgeschlossen. Mein Vermögen betrug 99 Millionen.»

Plötzlich fühlte er, wie sich etwas in seinen Rücken bohrte, und vernahm Bettys sanfte Stimme: «Flossen hoch, Herr 99.»

«Was hat das mit Unglück zu tun?» fragte Evelyn.

«Ich konnte machen, was ich wollte; nie wurden es 100. Außerdem ist es bei meiner Figur leicht, ins Zentrum zu treffen.»

Am nächsten Morgen fanden sie Pyecraft am Gartentor: tot. Eine Kugel hatte ihn mitten ins Herz getroffen. Als David sich über ihn beugte, wurde ihm die Mütze vom Kopf geschossen. Sie rannten ins Haus und verrammelten die Türen. Ihr Kummer war unvorstellbar, denn alle hatten Pyecraft sehr geliebt. Evelyn war schier untröstlich, und selbst der mannhafte Robert vergoß bittere Tränen.

«Daß so ein anständiger Kerl wie Pyecraft ausgerechnet von solchen Schweinehunden umgebracht wird!» schluchzte er. «Bei Gott! Das werden sie teuer bezahlen! Freunde! Genossen! Hebt die rechte Hand. Ich möchte, daß ihr einen Eid leistet. Sprecht mir nach: ‹Ich schwöre und gelobe, Pyecrafts Tod zu rächen, auch wenn ich selbst dadurch den Tod finden sollte.›» Die Jungens schworen, und die Mädchen bestanden darauf, den Eid ebenfalls zu leisten.

Sie wurden durch das Läuten des Telefons unterbrochen. Es klingelte nur leise, da die feuchten Batterien schwach waren. Neill hob den Hörer ab.

«Hier spricht 99. Wir haben euch gezeigt, was wir können. 65 war früher Scharfschütze. Aber den ollen Fettwanst habe ich persönlich umgelegt. Wollt ihr jetzt vernünftig sein? Wir bieten euch eine faire Sache an: Wir wohnen im Haus, und die Kinder bedienen uns. Wir werden sie auch nicht allzu scharf rannehmen.»

«Noch etwas?»

«Wenn ihr nicht mitmacht, legen wir euch alle um.»

«Dazu wünsche ich Ihnen alles Gute», sagte Neill und hängte ein. Am Telefon war er immer mutig.

Er faßte zusammen, was 99 ihm gesagt hatte.

Michael, der Kommunist, stellte fest: «Die wollen also die alte Ordnung? Eine privilegierte Klasse läßt sich von einem ausgebeuteten Proletariat bedienen, das noch nicht einmal lohnabhängig ist. Zurück zur Sklaverei? Niemals! Lieber tot als Sklave.»

«Politik interessiert mich nicht», sagte Robert. «Ich will Pyecraft rächen. Die sind nur sechs Leute; wir sind acht.»

«Neun», korrigierte Neill. «Mit mir seid ihr neun.»

«Ich sprach nur von den Aktiven.»

«Nun hört mir mal zu», begehrte Neill auf. «Bin ich an diesem Kampf beteiligt oder nicht? Wenn ihr mich nicht wollt, kann ich mich ja der anderen Seite anschließen. Warum sollt nur ihr euch rächen? Außerdem kenne ich Pyecraft viel länger als ihr.»

«Mag sein», sagte Robert. «Aber du mußt zugeben, daß du uns bisher keine große Hilfe warst, wenn es zum Kampf kam. Du hast uns immer nur herumkommandiert. Kurz: Wir trauen deinen kämpferischen Qualitäten nicht.»

«Gut, gut. Ich werde mich heraushalten. Ich werde der Beobachter, der Sonderkorrespondent vom Kriegsschauplatz sein. Aber, denkt an meine Worte, eines Tages werdet ihr für meine Hilfe dankbar sein. Und dieser Tag wird bald kommen.»

So wandelte Neill durch das Haus, während sich die Kinder an Fenstern und Türen auf den Angriff vorbereiteten. Er stärkte ihren Kampfgeist, indem er so tat, als wäre er der Generalinspekteur.

«Heda, der lange Kerl dort!» pfiff er Michael an. «Haben wir heute morgen unsere Knöpfe gewienert? Nun? Schreiben Sie den Mann auf, Sergeant. Hundert Liegestütz ihn feldmarschmäßiger Ausrüstung.» Michael starrte ihn furchterregend an. Robert schlug vor, Neill wegen Trotzkismus und Sabotage vors Kriegsgericht zu stellen. Dem hielt David matt entgegen, man solle keine kostbare Patrone an einen Verräter verschwenden.

«Verräter!» Neill lachte verächtlich. «Ihr seid die Verräter. Ich habe euch die Volksfront angeboten, aber ihr, Sozialdemokraten und Gewerkschaftsheinis, die ihr seid, habt mein Angebot ausgeschlagen. Ihr seid keinen Deut besser als die Anarchisten im spanischen Bürgerkrieg.»

«Hier geht es nicht um Politik», wetterte Gordon. «Es geht ganz einfach darum, daß du überflüssig bist. Bisher hast du kein einziges Mal bewiesen, daß du geradeaus schießen kannst.»

«Wenn es weiter nichts ist. Das werden wir gleich haben. Geht von der Wand weg.» Er zog seine Automatik und schrieb mit ihr TACKA TACKA TACKA TACKA TACKA TACKA TACKA TACKA TACKA TACKA TACKA TACKA TACKA seinen Namen an die Wand. Die Kinder waren sprachlos. «Nun? Habe ich bewiesen, daß ich schießen kann?»

«Ja», gab David zu. «Das hast du gezeigt. Aber das bedeutet noch nicht, daß du auch Mut hast.»

«Das werdet ihr am Tage der Schlacht sehen.»

Die Kinder hielten unter Ausschluß der Öffentlichkeit eine Versammlung ab und beschlossen, Neill als Rekrut auf Bewährung einzuziehen, das heißt, man würde ihn im Augenblick der Gefahr sorgfältig beobachten und über sein Verhalten im offenen Kampf Buch führen.

«Hier zeigt sich doch nur, wie sehr ihr die ältere Generation haßt und beneidet», protestierte Neill. «Theoretisch existiert jetzt zwar eine Volksfront, aber geistig seid ihr noch weit davon entfernt. Die Geschichte des Sozialismus lehrt ...»

Das Splittern eines Schlafzimmerfensters setzte der Diskussion ein jähes Ende.

«Sie greifen an», stellte David fest. Seine Miene straffte sich. «Auf eure Posten, Genossen!»

Die feindlichen Linien waren weit auseinandergezogen. Ein Scharfschütze hatte sich auf dem Dach der Gemischtwarenhandlung postiert, ein anderer stand auf dem großen Haus an der Kreuzung. Zwei nahmen sie vom Hockeyplatz her unter Feuer, und einer hatte sich in der alten Schäferkate verschanzt. Der sechste lag auf der Eisenbahnüberführung, aber das wußten sie nicht, denn der hatte eine Kugel aus Pyecrafts Gewehr im Kopf.

«Verschwendet keine Munition», mahnte Bunny. «Der beste

Heckenschütze kann keinen Schaden anrichten, wenn er auf ein solides Steinhaus schießt. Solange wir im Haus bleiben, sind wir in Sicherheit.»

«Ja», sagte Jean. «Aber wir haben nichts mehr zu essen. Wenn wir nicht hinausgehen, werden sie uns aushungern. Und da wir ständig beschossen werden, wird kaum jemand hinausgehen können.»

Sie hielten Kriegsrat und überprüften die Bestände: zwei Maschinengewehre mit Munitionsgurten, neun Gewehre und neun Revolver mit genügend Patronen, vierundzwanzig Handgranaten.

«Angriff ist die beste Verteidigung», sagte Michael. «Zuerst müssen wir die alte Schäferkate stürmen. Ich habe den Eindruck, daß sie dort alle übernachten; es brennt ständig Licht, und Schatten huschen an den Fenstern vorbei. Ich habe folgenden Plan: Gegen Mitternacht schleichen wir uns an und schmeißen eine Handgranate gegen die Tür. Das wird diese Verbrecher in ihre Einzelteile zerlegen.»

«Und dann?» fragte Neill.

«Dann stürmen wir hinein.»

«So. Aber was tun unsere Gegner? Werden sie friedlich schlummern? Oder werden sie pfiffig genug sein, Posten an die Fenster zu stellen, die durch die Explosion genug Büchsenlicht haben, um uns alle niederzuknallen?»

«Diesmal hat Neill recht», gab Robert zu. «Wir müssen die Fenster und die Tür gleichzeitig bombardieren.»

Gegen Mitternacht krochen sie zur Kate und warfen die Handgranaten. Tür und Fenster zersplitterten. Dann lagen sie da und warteten ab, ob jemand überlebt hatte. Plötzlich hörten sie hämisches Gelächter aus der Gemischtwarenhandlung.

«Wir haben das falsche Haus bombardiert», heulte David wütend.

«Und alle Handgranaten verschwendet», fügte Gordon hinzu. «In China wäre Michael wegen Unfähigkeit erschossen worden», meinte er anzüglich.

«Meine CIA hat mich im Stich gelassen», sagte Michael.

Gordon: «CIA?»

Michael: «Meine Charakteristisch Intelligente Art. Und woher sollte ich wissen, daß das Licht und die Schatten eine Attrappe waren?»

«Wenn ich so darüber nachdenke», meinte Evelyn, «fällt mir ein, daß sich die Schatten ständig im Kreis bewegten. Jemand muß sie bewegt haben.»

«Ich glaube, ich hab's», sagte David, «kommt, wir sehen nach. Ja, genau, wie ich's mir gedacht habe. Seht ihr, wie die Schatten zustande gekommen sind? Da ist ein Grammophon, und auf dem Plattenteller ist ein Männchen aus Lehm. Jedesmal, wenn das Männchen an der Kerze vorbeikommt, wirft es einen Schatten gegen das Fenster. Gescheit!»

«Das habe ich mal in einem Gangsterfilm gesehen. Und wenn ich mich recht erinnere», Neill blickte David durchdringend an, «hat David den Streifen auch gesehen.» David wurde sehr rot und sagte, er habe den Film nicht gesehen, da er an dem fraglichen Abend erkältet gewesen und nicht ins Kino gegangen sei. Klar?

Die nächsten drei Tage vergingen, ohne daß sie etwas zu essen hatten. Jean hatte versucht, eine tote Ratte zu bergen, die vor der Tür lag, aber eine Kugel trieb sie zurück ins Haus.

«Wir müssen sie von hinten fertigmachen», fand Robert.

«Sei nicht vulgär.» Das war Neill.

«Wir müssen getrennt marschieren», fuhr Gordon fort, ohne die Unterbrechung zu beachten. «Ich und Bunny und Michael schleichen nachts zur Landstraße und von dort im Bogen bis zum Bahnhof. Dann haben wir die Kerle in der Zange.»

So geschah es. Sie erreichten sicher den Bahnhof und stiegen aufs Dach. 23, der auf dem Dach der Gemischtwarenhandlung lag und die Schule im Auge behielt, kehrte ihnen den Rücken zu. Bunny schoß, und 23 fiel tot vom Dach. Darüber regte sich Bunny so auf, daß er den Kopf hob. 99 schoß aus dem Schaufenster der Gemischtwarenhandlung; Bunny überschlug sich und klatschte auf den Bahnsteig. Die anderen kletterten herunter, aber er war tot. Trockenen Auges starrten Gordon und

Michael ihren gefallenen Kameraden an. Noch konnten sie nicht glauben, daß sie ihn für immer verloren hatten. Es war unfaßbar, daß Bunny auf diese Weise hatte sterben müssen. Dann kamen die Tränen. Sie setzten sich zu Bunny und gaben sich ihrer bitteren Trauer hin. Doch als sie sich wieder erhoben, war es nicht Trauer, was aus ihren Augen sprach; es war die wilde Entschlossenheit, die Zuchthäusler zu Tode zu hetzen. Vor Einbruch der Dunkelheit konnten sie nicht zur Schule zurück. So kauerten sie, zur Untätigkeit verdammt, zähneknirschend hinter dem Fahrkartenschalter.

Plötzlich erschien ein Gesicht vor dem Oval, auf dem

HIER SPRECHEN!

steht. «Zweimal Einfach zur Hölle, bitte schön», sprach 99, zwei Schüsse krachten, und dann war es totenstill in der Bahnhofshalle.

Zehn Minuten später wurde Neill ans Telefon gerufen.

«Ich wollte Ihnen nur sagen, daß jetzt drei kleine Ratten im Bahnhof liegen.»

«Und eine große Ratte lügt am Telefon.»

«Wie Sie wollen. Ich dachte nur, es wäre nett, Sie auf dem laufenden zu halten.»

«Er versucht, unsere Kampfmoral zu untergraben», sagte David. «Wenn sie nur endlich zurückkämen!»

Stunden vergingen. Sie wurden immer besorgter. Robert hielt es nicht mehr aus. Er machte einen Aufklärungsgang und blieb lange weg. Als er endlich wiederkam, starrte er wortlos auf den Teppich.

«Nun?» fragte Neill. «Hast du sie gefunden?»

Robert nickte langsam.

«Geht es ihnen gut?»

Robert antwortete nicht.

«Du verheimlichst uns etwas», schrie Betty und klammerte sich an seinen Arm. «Was ist geschehen?»

«Sie sind alle tot.»

«Was?»

«Mausetot. 99 hatte nicht gelogen.»

«Michael auch?» fragte David.

«Alle.»

«Schrecklich. Er schuldete mir zehn Murmeln und ein Kaugummi.»

«Hab ich alles mitgebracht.» Und Robert bezahlte die Schuld des toten Freundes. David allerdings machte ihm Vorhaltungen, weil er das Kaugummi auf dem Rückweg benutzt hatte.

Ihre Lage war jetzt äußerst kritisch. Drei ihrer besten Kämpfer waren tot, und sie hatten keine Ahnung, wie viele von den Sträflingen noch lebten.

«Eigentlich ist es dumm von ihnen, uns umzubringen», meinte Betty. «Wo sie uns doch versklaven wollten. Dann müßten sie selbst arbeiten.»

99 rief wieder an: «Wenn ihr euch jetzt ergebt, sind wir großzügig. Wir sichern euch tariflich den Acht-Stunden-Tag zu, aber ihr müßt die Waffen strecken und unseren Befehlen Folge leisten.»

Robert, der ans Telefon gegangen war, zögerte einen Augenblick. «Vielen Dank. Sehr human. Aber wir verstehen eure Sprache nicht.»

«Häh?»

«Mit feigen Ratten wie euch unterhalten wir uns nur in der Sprache des Bleis.» Robert schmiß den Hörer auf die Gabel.

Am Nachmittag verbrachte Robert längere Zeit im Badezimmer.

«Was machst du da?» fragte Jean.

Robert blickte von dem Laken auf, das er gerade wusch. «Ich mache eine weiße Fahne.»

«Willst du dich ergeben?»

«Nein. Ich werde verhandeln.»

Er hißte die weißliche Fahne, und 99 rief an. «Was ist los? Gebt ihr auf?»

«Nein», sagte Robert. «Wir wollen mit euch reden.»

«Das kannst du auch am Telefon.»

«Nein, wir wollen mit euch allen reden.» Auf diese Weise

wollte Robert herausfinden, wie viele feindliche Kämpfer noch lebten.

Am anderen Ende der Leitung entstand eine Pause. «Und dann schießt ihr auf uns.»

«Wir sind Ehrenmänner», log Robert würdevoll.

Wieder eine Pause. «Gut. Wir kommen», sagte 99.

Sie erschienen und bauten sich bei der Tür auf.

Robert ergriff das Wort: «Wir weigern uns, eure Sklaven zu sein. Geht fort und lebt woanders. Ihr habt drei der tapfersten Jungens umgebracht, die es je gab. Und einen der liebenswertesten Männer. Aber wir wollen keine Rache. Wir wollen Frieden.»

Die Ganoven zischelten miteinander, und dann sagte 99, sie würden sich zurückziehen, um zu beratschlagen.

«Mir soll es recht sein», meinte Robert und setzte sich auf die Schwelle, um ihre Entscheidung abzuwarten.

«Komm ins Haus», rief Evelyn angstvoll. «Draußen bist du nicht sicher.»

Robert zeigte auf die weißliche Fahne. «Dieser Schutz genügt mir.»

Ein Schuß, Robert fiel vornüber aufs Gesicht und lag sehr, sehr still im spitzen Kies. Ein hochrotes Rinnsal kroch langsam über den Pfad. Neill und David feuerten, und zwei Männer bissen ins Gras. Aber 99, der Mörder, und 65, der Einbrecher, entkamen über die Mauer.

«Ich fürchte, die Fahne war nicht weiß genug», seufzte David. «Es war eins von Michaels Laken, und Robert muß wahnsinnig gewesen sein, daß er versuchte, es weiß zu kriegen. Armer Robert, aber er hat es sich selbst zuzuschreiben.»

Inzwischen verhungerten sie buchstäblich. Ein Spatz ließ einen Regenwurm auf den Rasen fallen, und die Mädchen stürzten hinaus wie die Wilden, um ihn zu bekommen.

«Diese Idioten», schrie David. «Sie machen sich zu Zielscheiben.»

Drei Schüsse knallten, und die Mädchen sanken weich und still ins Gras.

«Die haben es sich auch selbst zuzuschreiben», war alles, was David dazu einfiel.

Neill sah ihn an. «David, jetzt sind wir nur noch zwei. Wir zwei gegen zwei Zuchthäusler. Warum gehen wir nicht hinaus und schaffen die Sache aus der Welt? Das ist besser, als hier zu verhungern.»

«Ich bin dabei.» David faltete eine Flüstertüte und richtete das Wort an 99 und 65: «Hallo, ihr Ratten! Wir treffen uns in fünf Minuten bei der Garage. Nur Revolver sind zugelassen.»

«Nur zu!» rief 99.

Sie trafen sich. Sie standen einander in einer Entfernung von zehn Metern gegenüber.

«Wir werden uns paarweise schießen», verkündete David ruhig. «Zuerst ich und 65.»

Neill und 99 traten zur Seite. Knabe und Einbrecher standen regungslos.

«Ich sage ‹Los!›», sagte Neill und sagte: «Los!»

David wurde durch eine verstohlene Bewegung abgelenkt, die 99 mit seinem Arm vollführte, aber er zog trotzdem schneller als 65, so daß beide Kugeln gleichzeitig ihr Ziel fanden. David bekam seine Kugel ins Herz, 65 in den Kopf.

«Jetzt», sagte Neill.

Jeder der beiden Männer beobachtete die Hände seines Gegenübers. Plötzlich schnellte die rechte Hand von 99 zum Gürtel, aber er war eine Tausendstelsekunde langsamer als Neill, und Neills Kugel traf ihn genau zwischen die Augen.

Neill betrachtete die drei Leichen, verhielt kurz, durchsuchte Davids Hosentaschen und zog einen kleinen Schraubenzieher und sein, Neills, Taschenmesser hervor. Er schritt langsam und zufrieden seufzend zur Schule zurück.

«Der allerletzte Mensch auf Erden», stellte er mit wohligem Behagen fest, begab sich in die Speisekammer und schenkte sich einen Cognac mit drei Sternen ein. Dann ging er hinaus und lachte über Chads Beinstellung.

ENDE

Kommentar

Und dann fielen sie über mich her. Betty hämmerte mir ihren Pantoffel auf den Kopf, und Bunny zog mich an den Haaren. Sie waren außer sich vor Wut.

«So eine Gemeinheit, uns sterben zu lassen und alleine weiterzuleben!» sagte Jean.

«Dabei war es noch nicht einmal eine gute Geschichte», meinte Betty. «Immer hast du gedroht, du würdest dich dafür rächen, daß ich das Weiße Rössel angezündet habe. Das hast du aber nie getan.»

«Wenn du den Umstand, daß du im Kampf um einen Regenwurm gefallen bist, nicht als subtile Rache ansiehst», gab ich zurück, «so mache ich mir ernsthaft Sorgen um dein Auffassungsvermögen.»

«Das Ganze war doch blöd», sagte Michael. «Allein schon die Sache mit der Zinnmine – tz tz. Völlig an den Haaren herbeigezogen. Du hättest die Zuchthäusler nicht hineinbringen sollen. Ich mochte sie gar nicht.»

«Aber ihr müßt zugeben», sagte ich strahlend, «daß die Geschichte trotz allen Fehlern einen großen Vorzug hatte: Der Held triumphierte über alle Gefahren, und wenn er nicht gestorben ist, dann lebt er heute noch.»

«Wovon? Von Regenwürmern?» Betty warf mit einem Kissen nach mir.

«Daß ich erschossen wurde, hat mir nichts ausgemacht», sagte Robert, «aber doch nicht auf diese Weise! Mal ehrlich, Neill: Glaubst du wirklich, ich würde mich einfach vor die Tür setzen und solchen Zuchthäuslern vertrauen? Ohne auch nur einen von ihnen mit ins Grab zu nehmen?» fügte er grämlich hinzu. «Nein, stellenweise war die Geschichte richtig, aber der Schluß war lausig.»

«Neill macht immer Fehler», beklagte sich Bunny. «Woher zum Beispiel wußten wir, daß die Deutschen in Frankreich von Wölfen aufgefressen wurden? Solche Schnitzer passierten einfach zu oft.»

«Nun ja», begann ich. «Ich hatte nicht genug Zeit, euch alles zu erzählen. Ich dachte, ihr hättet instinktiv erfaßt, daß wir eine Flaschenpost gefunden haben.»

«Nichts leichter, als eine Flaschenpost aus den französischen Wäldern zu schicken», höhnte Bunny.

«Sie haben sie natürlich in einen Fluß geworfen», gab ich zurück.

«Und sie landete natürlich nirgendwo anders als an der Küste vor Summerhill.»

«Heimweh», erklärte ich. «In alter Zeit war hier ein berüchtigter Schlupfwinkel für Whiskyschmuggler. Jede Flasche, die einigermaßen etwas auf sich hält, würde . . .»

«Wäre es nicht schön», unterbrach Betty meine Ausführungen zuckersüß, «wenn jemand, der etwas davon versteht, eine Geschichte über den allerletzten Menschen schriebe? Das würde einen guten Roman abgeben.»

«H. G. Wells könnte es schaffen», meinte der belesene Michael. «Bei ihm würde es sich viel glaubwürdiger anhören. Außerdem versteht er was von Naturwissenschaften. In ‹Der Unsichtbare› klingt alles absolut wissenschaftlich. Ja, Wells wäre der richtige Mann dafür.»

«Das Geschichtenerzählen ist eine schwere Kunst», sagte Gordon. «Jeder kann eine Geschichte erzählen, die ganz offensichtlich unwahr ist. Aber für eine Geschichte, wie man sie in Büchern lesen kann, da braucht man Grips.»

An dieser Stelle redeten alle durcheinander, und zwar in so drastischen Ausdrücken, daß man sie in einem guten Buch nicht abdrucken kann.

«Was hast du gemacht, als wir alle tot waren?» fragte Evelyn.

«Das ist eine andere Geschichte. Die erzähle ich euch vielleicht nach den Ferien.» Aber sie waren sich einig, daß sie keine Geschichte hören wollten, in der sie nicht vorkamen.

«Schade.» Ich seufzte tief. «Denn nach eurem Tode fand ich endlich Zeit, mich auf meine wissenschaftliche Arbeit zu konzentrieren.»

«Deine was?» rief Michael mit spöttischem Lachen.

«Biologische Studien. Ich entdeckte, wie man im Laboratorium neue Menschen züchtet.»

«Und wie waren sie?» fragte David amüsiert.

«Nur Körper, kein Gehirn. Der Vor-Wolken-Mensch versagte, weil er denken konnte. Weil er Intelligenz besaß, stellte er Waffen her und machte sich die Tiere untertan. Weil seine Intelligenz aber zu schwach war, machte er weiter Waffen und unterjochte damit andere Menschen. Meine neuen Menschen waren unbefangen; sie handelten instinktiv. Sie schämten sich nicht ihrer Nacktheit; sie brachten keine Religion, keine Gesetze und keine Moral hervor; sie kannten keine Waffen und keine Kriege; es gab weder Arme noch Reiche; sie wurden nie krank; sie starben nur an Altersschwäche.»

«Dies alles», sagte Gordon, «würde doch wohl höchstens auf Kühe oder Schafe zutreffen.»

«Richtig. Anders ausgedrückt: Ich schuf einen Menschen, der dem Tier ebenbürtig war.»

«Warte mal», sagte Robert mit deutlichem Argwohn in der Stimme. «Wolltest du uns mit deiner Geschichte etwas beibringen?»

«Du meinst, es war eine Geschichte mit Moral? Ja, die Geschichte hat eine Moral.»

«Welche?»

«Wer die Musik bezahlt, bestimmt die Melodie.»

«Und was heißt das?»

«Daß es nicht mehr als recht und billig ist, wenn der Typ, der die ganze Arbeit mit der Geschichte hatte, als einziger überlebt. Im wirklichen Leben ist es mir nicht möglich, all die kleinen Quälgeister umzupusten, die mir den ganzen Tag folgen und mich fragen, wieviel Uhr es ist, ob ich Corks irgendwo gesehen habe oder ob ich ihnen zwei Pence leihen kann. Aber in meiner Geschichte kann ich Rache planen und ausführen. Der Wunschtraum jedes Idioten, der eine freie Schule leitet, muß es sein, der allerletzte Mensch auf Erden zu sein.»

«Dann wollen wir lieber aufbrechen, Freunde», sagte Mi-

chael. «Wenn Neill psychologisch wird, ist Flucht die beste Verteidigung. Kommt mit.»

«Wohin?» fragte Bunny.

«Zum Hockeyplatz. Wir wollen herausfinden, wer am schnellsten zieht.»

In der nächsten Woche schrie immer jemand «Flossen hoch!», wenn ich um irgendeine Ecke bog, und auf der nächsten Vollversammlung saß Robert mit zwei hölzernen Revolvern im Gürtel herum. Als die Sprache darauf kam, daß Gerd sich vor dem Kino nicht in der Schlange angestellt hatte, erhob sich Robert und lieferte folgenden Diskussionsbeitrag:

«Fatz mal die dicke Spreche, Schwester. Ihr Pfannen versucht einen doch ständig zu leimen. Und wenn ein Macker euch dann vermacht, kommt ihr ihm auf die wäßrige. Habt ihr 'n Sprung, oder wie seh ich das?»

Nachwort

Dies ist eine Geschichte, die ich im Jahre 1938 einer Gruppe von Neunjährigen erzählt habe. Die Geschichte ist also ein bißchen veraltet, aber manche besseren Geschichten sind das auch – ‹*Die Schatzinsel*› zum Beispiel oder ‹*Robinson Crusoe*›.

Ich habe versucht, mich dem Geschmack meiner Zuhörer anzupassen, und dabei festgestellt, daß ihnen der Sinn hauptsächlich nach Blutbädern und Donnergrollen stand. Folglich ist diese Geschichte ziemlich gewalttätig. Hier erhebt sich die alte Frage: Wird ein Kind, dem man Gewalt vorsetzt, nicht auch Gewalt suchen, wenn es heranwächst? In meiner Geschichte kommen vier Jungen und drei Mädchen vor. Sie alle sind heute – soweit sie noch leben – friedliche, ausgeglichene Kriegsgegner. Verbale Gewalt scheint keinen großen Eindruck zu hinterlassen. Zehnjährige Jungen würden zwar – in einer Geschichte – jederzeit Kannibalen mit dem Maschinengewehr niedermähen; aber wenn sie auf dem Bildschirm sehen, wie zwei Männer sich verdreschen, sind sie oft schockiert, und auch die Horror-comics sind eine Qual für sie. Kein Mensch läßt sich von einem klassischen Western schockieren, in dem die *good guys* die *bad guys* abknallen. Das liegt hauptsächlich daran, daß diese Cowboys keine Persönlichkeit besitzen; sie sind Puppen und meistens auch ganz schlechte Schützen. Man könnte argumentieren, daß Kinder, die mit neun ihre Aggressionen ausleben können, mit vierzig kaum aggressiv sein werden. Das jedenfalls ist meine Erfahrung.

Die meisten Kinderbücher sind so nervtötend, daß Eltern sich beim Vorlesen zu Tode langweilen. So ging es mir, als meine Tochter Zoë noch klein war und ich ihr langweilige, moralisierende Kinderbücher vorlesen mußte. Dagegen hat meine Geschichte, glaube ich, den Vorteil, daß Väter oder Mütter sie wegen der vielen Späße, die darin vorkommen, laut vorlesen können, ohne sich über Gebühr zu langweilen. Ich will nicht bestreiten, daß Neunjährige die eine oder andere witzige Bemerkung nicht mitbekommen. Zum Beispiel, als wir in Chicago gegen die Gangster kämpfen, weigert Neill sich strikt, am Bandenkrieg teilzunehmen. Robert (neun) breitet einen Stadtplan aus. «Diese Brauerei», sagte er, «werden wir zu unserem Hauptquartier machen.» Darauf erklärt Neill, er habe sich's anders überlegt und werde doch in diesen kleinen Krieg ziehen. Kindern entgeht diese Pointe, durstigen Vätern nicht.

Die Geschichte hat keine Moral. Sie will nicht erheben. Sie will spannend und komisch sein, und es ist sehr gut möglich, daß nur solche Leute sie komisch finden, die denselben Sinn für Komik haben wie ich. Jedenfalls ist es das einzige meiner Bücher, über das ich, wenn ich darin blättere, herzhaft kichern kann, wahrscheinlich weil mir das Erzählen soviel Spaß gemacht hat wie den Kindern das Zuhören. Vielleicht liegt es auch daran, daß ich mich bei meinen pädagogischen Büchern immer bemühen mußte, ernst zu bleiben: zu viele Leute werden durch Humor verschreckt. Von lustigen Menschen erwartet man nichts Wesentliches.

Eines in der *‹Grünen Wolke›* ist neu: daß die Kinder nach jeder Fortsetzung laut ihre Kommentare von sich geben. Natürlich kann man als Vater die Geschichte vorlesen und die Kommentare der Zuhörer auslassen, aber dann bringt man sich um die Bemerkungen einiger prachtvoll aufgeweckter Kinder.

Für diejenigen Leser, die noch nie etwas von Summerhill gehört haben: Es ist eine Schule, in der Freiheit und Selbstverwaltung praktiziert werden. Die Lehrer besitzen keine Würde; sie verlangen keinen Respekt. Ich bin für jeden in der Schule – Lehrer, Angestellte, Schüler – schlicht Neill, ohne Mister.

Wenn mein Name im Buch auftaucht, kann der vorlesende Vater seinen eigenen Namen dafür einsetzen. Er kann auch statt «Bunny» den Namen seines Sohnes sagen. Das aber dürfen nur Väter, die selbst Kinder sein können, Väter, die nicht über ihre Kinder, sondern mit ihren Kindern lachen.

Ich will noch berichten, was aus den Kindern geworden ist. Der arme Gordon ertrank vier Jahre nachdem diese Geschichte erzählt wurde. Bunny ist Geschichtsprofessor. David ist Mathematikprofessor. Michael ist Physikdozent. Robert hat ein

Motel aufgemacht. Betty, Jean und Evelyn sind verheiratet und haben Kinder; Evelyn ist eine sehr moderne Malerin.

Ich möchte noch einmal darauf hinweisen, daß sie nicht im geringsten aggressiv sind und niemals Antisemiten, Rassisten oder Faschisten werden könnten. Ich glaube, daß keiner von ihnen jemals einem Führer folgen würde, sei er ein Hitler oder ein Billy Graham. Natürlich kann man aus dem Verhalten einer so kleinen Gruppe kein Dogma ableiten; sicher ist nur, daß ihnen die Gewalttätigkeit dieser Geschichte nicht geschadet hat, vielleicht, weil sie mit Spaß und Humor gemischt war. Ich bin ziemlich sicher, daß sich diese Gruppe oder irgendeine andere Gruppe freier Kinder auf einer einsamen Insel nie gegenseitig umbringen würde, wie es Jungen von einer «disziplinierten» Schule in einer anderen Geschichte getan haben.

Kinder leben zum Teil in einer Phantasiewelt. Ihre Phantasie wird von den gerade herrschenden Verhältnissen geprägt. Zur Zeit von Sir Francis Drake wollten die Kinder in Devon bestimmt Geschichten über Dreimaster und Golddublonen hören. Im Jahre 1938 wurde die Phantasie der Kinder durch Stummfilme, amerikanische Gangsterromane und die sogenannten «Schundhefte» angeregt. Heutzutage wollen sie Weltraumgeschichten hören, vor allem Astronautenlatein, womit ich nicht dienen kann, da mir dazu die nötigen Grundkenntnisse fehlen.

Jedes Kind will Wunder und große Leistungen. Billie wird nichts dagegen haben, wenn ich ihn in einer Geschichte Cassius Clay k. o. schlagen lasse; er wird höchstens dagegen protestieren, daß ihm der K. o. erst in der zehnten Runde gelang und nicht in der ersten. So ist dies Buch voller Wunder.

Beim Erzählen habe ich die Persönlichkeit jedes einzelnen Kindes berücksichtigt. Robert, der weniger akademisch veranlagt war als Michael, Bunny oder David, machte ich zum obersten Wundermann, zum ausgesprochenen Tatmenschen. Die ängstliche Jean wurde zum blutdurstigen Rauhbein und so weiter. Wäre Gordon, der in sich gekehrte Denker, noch am Leben, er wäre bestimmt heute ein großer Professor.

A. S. Neill

«Ich möchte nicht als ein großer Erzieher in die Geschichte eingehen, denn das bin ich nicht. Wenn man sich überhaupt an mich erinnern wird, dann, so hoffe ich, deshalb, weil ich versucht habe, den Abgrund zwischen Jung und Alt zuzuschütten, die Angst in den Schulen abzuschaffen, die Lehrer dazu zu überreden, ehrlich gegen sich selbst zu sein und die schützende Rüstung abzulegen, die sie über Generationen hin getragen haben, um sich von ihren Schülern abzusondern. Ich möchte, daß man mich als einen ganz normalen Kerl in Erinnerung behält, der glaubte, daß durch Haß nichts verbessert wird, daß es nur eine Methode gibt, die eine fröhliche Schulzeit und ein glückliches Leben ermöglicht – sich auf die Seite des Kindes zu schlagen, wie es Homer Lane ausgedrückt hat. Wie ich für meine kleinen Schüler Neill-Neill-Birnenstiel bin, so möchte ich es für alle Kinder der Welt sein – einer, der Kindern vertraut, einer, der an die ursprüngliche Güte und Wärme glaubt, der in der Autorität nur die Macht sieht und – zu oft – auch Haß.»

Rowohlt